# MERCURE RÉTROGRADE 2024

Pour Isidore

Pour Geoffrey

**NOS ŒUVRES DÉJÀ PARUES**

**Johann Chevillard**
*Mon cahier d'éveil spirituel – Cristaux*, Éditions Exergue, 2022.
*Ma Litho Box – Enjoy !*, avec Isabelle Cerf, Good Mood Dealer *by* Exergue, 2021.
*Ma Litho Box – Here & Now*, avec Isabelle Cerf, Good Mood Dealer *by* Exergue, 2021.
*Ma Litho Box – Keep calm*, avec Isabelle Cerf, Good Mood Dealer *by* Exergue, 2021.
*Ma Litho Box – Sweetheart*, avec Isabelle Cerf, Good Mood Dealer *by* Exergue, 2021.
*Mon petit oracle des cristaux*, Éditions Exergue, 2020.
*S'ouvrir à l'énergie des pierres*, avec Isabelle Cerf, Éditions Exergue, 2020.

**Isabelle Elvira**
*Les Dés astrologiques*, Good Mood Dealer *by* Exergue, 2023.
*24 lunes pour s'incarner*, Le Courrier du Livre, 2021.

---



Texte : Johann Chevillard et Isabelle Elvira.
Illustrations : Lorette
Création de la typographie : Clémence Roche
Maquette et mise en pages : Agence Twapimoa
© Istock pour les photographies des pierres,
à l'exception des pages 69 et 106 : © Johann Chevillard.

ISBN : 978-2-492847-90-5


www.editions-tredaniel.com
info@guytredaniel.
www.facebook.com/editions.tredaniel
@goodmooddealer

GUIDE DE SURVIE

JOHANN CHEVILLARD

ISABELLE ELVIRA
AKA HOLISTIC ZAZA

# MERCURE RÉTROGRADE 2024

## LES CLÉS ASTRO-LITHO POUR RESTER SEREIN·E QUAND TOUT DÉRAILLE ET QU'ON N'Y COMPREND RIEN !

GOOD MOOD DEALER
By EXERGUE

27, rue des Grands-Augustins
75006 Paris

# SOMMAIRE

# AVANT-PROPOS

**C'est pas toi, c'est Mercure rétrograde !**
Et tu pourrais bien te demander, mais qui est cette Mercure rétrograde dont tout le monde parle ?
Mercure est une petite planète du système solaire, qui gouverne notre mental, notre tête, nos communications, nos déplacements et nos principes, nos pensées et nos compréhensions, nos apprentissages, nos messages et nos flexibilités, nos philosophies, nos textos la nuit.
Mercure tourne autour du Soleil en 88 jours, et c'est beaucoup plus vite que la Terre ! Alors, quand elle nous dépasse, dans sa course effrénée vers nos idées, on dirait qu'elle recule. Tels deux trains en gare, l'un est à l'arrêt, l'autre démarre, et d'un coup d'un seul, les passagers du train arrêté ont l'impression de reculer.
C'est une illusion d'optique, mais ayant une réalité bel et bien astrologique et énergétique ! *Quand Mercure rétrograde, elle nous échappe, son énergie s'éloigne. Quand Mercure rétrograde, on dérape.*

**Pendant trois semaines, trois à quatre fois par an**, Mercure semble reculer et les têtes dérailler, comme bon nombre d'appareils connectés et électroniques.
*OK. Mais pourquoi tout le monde a si peur de ce rétropédalage cosmique ?*

Car si Mercure, l'Hermès mythologique aux bottines ailées, messager des dieux, qui assurait le courrier entre l'Olympe et la Terre, régit les communications, alors il gère aussi les e-mails, coups de fil, langages corporels, expressions ou simples discussions.
Les avions, les raisons, les retards et les anticipations.

Et quand on a l'impression que tout semble littéralement s'arrêter ou reculer dans l'univers, ça pourrait bien être pareil chez soi, dans ses relations et dans ses affaires !
La croyance populaire aux rétrogradations, celle de Mercure étant la plus connue, nourrit les peurs de mal faire, de défaire... Non ! *De* ***R****efaire.*

**Car Mercure rétrograde n'est pas forcément une vraie galère, c'est surtout une très bonne occasion de reprendre son brouillon et d'en tirer les leçons.**
Les semaines de rétrogradation peuvent être un moment incroyable, très empouvoirant, une solution, une ***R****évision*.
La clé, c'est de le savoir et de se concentrer sur ce que Mercure, qui recule dans trois constellations, signes astrologiques différents chaque année, vient montrer.
Vient enseigner.
Parce que la communication et ses talents peuvent être un petit peu bousculés pendant ces périodes, c'est l'instant parfait pour regarder dedans, se taire, moins penser et moins parler, introspecter, méditer.

***R****edéfinir,* ***R****epenser,* ***R****e-prioriser,* ***R****eformuler* ses buts.
Avec Mercure rétrograde, on :

| | | | |
|---|---|---|---|
| ***R****ecommence* | ***R****epense* | ***R****essent* | ***R****ecule* |
| ***R****etourne* | ***R****edit* | ***R****efait* | ***R****e-Aligne.* |

On active des moments de réflexion sur soi, et, enfin, on ***R****enouvelle.*
L'esprit, la tête, le langage, le *mindset*.

**As-tu répondu à cet e-mail ?**
**As-tu dit le mauvais mot ?**
**Te sens-tu perdu·e ?**

Ce guide est là pour t'aider juste avec ça, juste comme ça !

Grâce à lui, tu vas pouvoir trouver les ponctuations entre ces absences et quiproquos, ces retards et apparentes dysfonctions. Comprendre dans quels signes cette année Mercure va reculer, ce qui va t'être demandé de ***R**evisiter*.
Puis noter et identifier, dans ton semainier, les jours qui avancent et ceux qui reculent, les jours fluides et ceux des imprimantes qui s'autodétruisent. Les stations, les préparations, les débuts, les fins, les guérisons, les challenges de chaque période de rétrogradation qui dure trois semaines environ.
**Enfin, à l'aide d'outils intégratifs, d'horoscopes, de méditations, de pratiques holistiques, autour de la lithothérapie et de l'astrologie, t'aider à ne pas paniquer, à respirer, à accompagner ce retour de ta pensée dans tout ce que tu as cru comprendre mais que tu n'avais pas sous-titré. N'avais pas ancré.**

Que tu sois dans ta rétrogradation personnelle, de naissance, car on peut aussi naître avec Mercure rétrograde, ou dans ce grand chambardement énergétique collectif qui peut tout retarder mais aussi tout excuser, c'est pas moi, c'est Mercure qui l'a fait, novice ou habitué·e, tu pourras utiliser ce guide et ses différents espaces.
Des zones de connaissance, de repérage, de soin et d'intégration, d'évaluation, d'accompagnement et de guidance, pour **naviguer au travers des moments cosmiques de 2024**, petits ou grands bonds dans le temps, qui en reculant, te font faire un immense pas : **vers l'avant !**

Tu as raté ton bus ? Renversé du café sur ton Jacquemus ? Rien ne va plus dans ta vie ? L'autre ne comprend plus un seul mot que tu lui dis ?

## Ce n'est pas toi, c'est Mercure qui rétrograde !

Que ce soit pour une période précise de l'année, ou pour un simple besoin d'encouragement bien mérité, pour un reset cosmique à accompagner, ou un contrat à signer, ce guide de survie est là pour t'aider à voyager aux côtés des effets énergétiques et astrologiques de Mercure rétrograde, qui t'invitent à reculer pour mieux sauter !

# MERCURE RÉTROGRADE
# LE MODE D'EMPLOI

## MERCURE, C'EST QUOI ?

Mercure est une planète de notre système solaire. La plus petite, la plus rapide et la plus proche du Soleil.
C'est une planète tellurique, donc solide car faite de roches, de terre et de cailloux comme chez nous. Trois fois plus petite que la Terre et au moins vingt fois moins massive.
Mais elle est très dense ! Presque autant que la Terre par rapport à sa petite taille. La faute à son noyau de métal qui en fait un incroyable aimant.

Elle est la première planète face au Soleil, puis viennent Vénus, la Terre et Mars.
Et c'est toujours chouette de savoir que la planète du mental, puis celle de l'amour, Vénus, te précèdent face à la pleine lumière, pleine conscience de l'astre solaire, quand celle de l'action, Mars, passe derrière. La tête et le cœur avant tout, toujours. La tête et le cœur reliés à la source, toujours.

Elle fait sa révolution, c'est-à-dire le tour complet du Soleil, en 88 jours.
Et elle dispose d'une orbite très excentrique, donc sa distance par rapport au Soleil varie du simple au double selon sa position pendant sa course.
Légère, magnétique, rapide et chaotique. Que d'attributs qui en racontent déjà beaucoup sur la petite planète qui, parfois, peut rendre fous.

## UN PEU D'HISTOIRE

Mercure a été découverte très tôt dans l'histoire de l'observation du ciel, peut-être même dès que les hommes décidèrent de lever les yeux pour y regarder briller les étoiles. Comme elle est visible à l'œil nu, on trouve des traces de son observation dès le troisième millénaire avant J.-C. chez les Sumériens qui la nomment, dans un lyrisme déjà tout mercurien, la planète sautillante, ou sautante ***(Ubu-idim-gud-ud)***.
Les Babyloniens l'appellent ensuite ***Nabù***, comme leur divinité du savoir, et elle est le scribe ***Thot*** des Égyptiens.

Plus tard, les Grecs, à qui l'on doit bon nombre d'observations mais aussi de traductions et d'interprétations des anciens textes, avec l'apparition du zodiaque tel qu'on le connaît, la nommeront ***Hermès*** en référence à sa rapidité.
C'est en fait le mouvement stellaire de son déplacement ultra-rapide qui, pour ces derniers, a fait d'elle à la fois une étoile du soir et du matin, les inspirant alors pour lui donner le patronyme d'***Hermès,*** messager des dieux, qui devient le romain ***Mercure*** et laissera son nom à la planète.
Comme elle se déplace plus vite dans le ciel que les autres planètes, ***Hermès-Mercure*** incarne alors tous les attributs de la divinité.
Rapidité, communication, intelligence, mais aussi légèreté ou filouterie, ***Hermès*** étant le dieu protecteur des commerçants, voleurs et médecins.
Dans la Chine ancienne, Mercure est ***l'étoile pressée***, elle est un **hibou** chez les Incas, messager vers le monde souterrain et même le ***mercredi*** dans les cultures nordiques. Jour qui fait le lien entre les autres dans la semaine.
Sacrée Mercure, si petite et pourtant si importante !

On pourrait se demander pourquoi elle mérite autant d'attention et porte les épithètes de divinités sacrées ou de l'Olympe ?
C'est que, si rapide, elle passe son temps à rattraper ou dépasser les autres planètes et forme avec elles des alliances et des conjonctions qui nous impactent sans cesse.
Comme une messagère entre les différents astres.

Encore une fois, Mercure qui fait du lien, Mercure qui relie, Mercure qui connecte, depuis ***Hermès*** qui distribue le courrier entre les dieux et les hommes, à ***Mercure*** qui crée le dialogue entre Vénus, la planète de l'amour, la Terre et sa lune et le Soleil.
Entre les autres et soi.

## MERCURE EN ASTROLOGIE

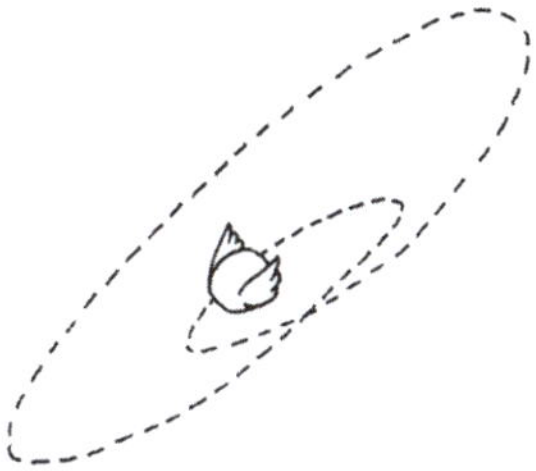

En astrologie, Mercure serait la plus proche du Soleil, donc sa plus étroite conseillère et sa messagère. Le Soleil représente ta pleine conscience éclairée, et Mercure son verbe. Sa capacité de communication, de réflexion, de parole, de verbalisation.
Mercure qui porte les mots du Soleil.

Elle va donc venir te parler, dans le thème astrologique de naissance mais aussi dans ses transits collectifs, c'est-à-dire dans les constellations qu'elle traverse pendant sa course (12 comme le nombre de signes du zodiaque), de tes capacités de communication et de tes façons de le faire. De tes qualités d'apprentissage, d'intellectualisation, de mémorisation. De tes messages, de tes dialogues, de tes réflexions, pensées, principes, philosophies et idées.
De tes mots. De tes promesses. De tes paroles.
Et selon le signe où elle se trouvera, tes communications viendront se colorer d'une énergie particulière.
Et selon sa distance d'avec le Soleil, elles deviendront plus ou moins fluides, sincères, faciles.

Il en est de même pour les moyens de te déplacer, et plus largement de faire circuler l'information.
Rappelons que Mercure est la porteuse de nouvelles et si elle parle du déplacement des idées à la vitesse de la lumière, elle parle aussi de tes mobilités et flexibilités, des transports, des moyens de locomotion, des réseaux sociaux et informatiques.

Et comme la messagère est extrêmement légère et chaotique, elle évoquera par la même occasion tes petits arrangements avec la vérité, ton humour et ta souplesse, ta versatilité.
Tout un programme pour une si petite planète, qui justifie encore sa pole position face au Soleil !

Mercure est la planète associée aux signes astrologiques du **Gémeaux** et de la **Vierge**, et ce double domicile illustre bien sa double nature. Air et Terre.
À la fois libre, jeune, vivace et très intellectuelle comme maîtresse des Gémeaux, mais aussi logique, rationnelle et psychique comme la Terrienne Vierge.

Mercure Gémeaux dira : *je parle, je connecte, j'échange*.
Mercure Vierge dira : *je pense, je rationalise, j'analyse*.

Cet astre pas comme les autres porte donc en lui une double nature : masculine et féminine (ne dit-on pas dans certains récits que le dieu Hermès était androgyne ?), diurne et nocturne, légère et matière. Volubile et dense. Appartenant à la fin du printemps et à la fin de l'été.
C'est une planète de transition, qui parlera d'ailleurs beaucoup de gémellité, de l'autre vers qui se tourner pour se définir soi. De miroir et de son effet, de relations. De double. De lien.

C'est sûrement le mot essentiel à retenir en pensant à Mercure :

**Celle qui fait du lien.**

Entre les mondes pour les Incas, les Babyloniens ou les Chinois.
Entre les dieux pour les Égyptiens, les Grecs et les Romains.
Entre les planètes pour l'astronome éclairé.
Entre le soir et le matin pour l'observateur averti.
Entre les humains pour l'astrologie.

Et parfois, quand Mercure et son orbite si excentrique reculent, le lien se brouille momentanément, elle rétrograde et tout ce qui devrait avancer

n'avance plus, tout ce qui devrait se dire ne s'exprime plus, ou en tout cas ne se comprend plus. Tout ce qui était souple, fluide, rapide et flexible, devient lourd, compliqué et incompréhensible.
Tout ce qui allait de l'avant devient le passé, tout rétrograde.

## QUE SE PASSE-T-IL QUAND MERCURE RÉTROGRADE ?

Il faut tout d'abord comprendre que l'on observe les planètes d'un point de vue héliocentré, (on observe les planètes depuis la Terre, avec le Soleil au centre du système solaire).
Quand on parle de la rétrogradation de Mercure, on parle donc de sa rétrogradation par rapport à la Terre.
*Je me demande si les Mercuriens paniquent aussi de la rétrogradation de la Terre en nous accusant de dérégler leurs imprimantes ?*

Une rétrogradation de planète, et pas que de Mercure car toutes les planètes rétrogradent (sauf le Soleil et la Lune, qui ne sont pas des planètes mais des luminaires), s'observe et se ressent donc depuis la Terre, depuis nous.
En conséquence, elle impacte tous les Terriens.

Quand on les observe avec nos yeux de Terriens, toutes les planètes avancent dans le même sens. Autour du Soleil.
Un sens défini par le plan de l'écliptique, lieu de l'orbite de la Terre et des autres planètes du système autour du Soleil, qui est représenté par le zodiaque tel qu'on le connaît : un bandeau circulaire de 360 degrés qui suit les 12 signes-constellations du Bélier aux Poissons.

Dans ce bandeau, les planètes se déplacent pour tourner autour du Soleil, chacune dans un temps spécifique, qu'on appelle une révolution (la nôtre étant de 365 jours, celle de Mercure de 88, etc.).
Seulement parfois, l'une d'entre elles semble s'arrêter, puis revenir sur ses pas. Comme si elle reculait. Comme si elle faisait marche arrière avant de repartir dans le bon sens.

Cet événement astrologique, qui fait penser qu'un astre recule, ne date pas d'hier et j'en reviens à nos amis grecs qui avaient observé des mouvements étranges sur certaines étoiles, celles qu'ils décidèrent d'appeler ***planètes*** (en grec, « *planêtês* » : errant, vagabond). Elles se déplaçaient soir après soir dans le ciel, en ligne droite puis d'un seul coup, se mettaient à ralentir et à reculer pendant des semaines, voire des mois.
L'astronome grec Ptolémée appela ce phénomène **le mouvement rétrograde**, du latin *retrogradus* qui signifie « un pas en arrière ».
Oui, mais à cette époque on pensait encore que la Terre était le centre du système et que tout le monde tournait autour... Depuis, fort heureusement, notre nombril s'est un peu dépassé et le Soleil est arrivé dans le game !

Cependant, on a conservé l'appellation *rétrograde* pour désigner ce phénomène, même si la planète ne ralentit pas et ne recule évidemment pas.

L'illusion d'optique est causée par le fait que toutes les planètes tournent autour du Soleil, mais qu'aucune n'est à la même distance de ce dernier. Ainsi, quand notre planète la Terre fait son tour en 365 jours, Mercure, elle, l'a déjà dépassé au moins trois fois.

## Quand Mercure rétrograde et ralentit, c'est en fait la Terre qui la rattrape et la dépasse !

Mercure rétrograde trois à quatre fois par an, c'est-à-dire que trois à quatre fois par an on ressent comme un rétropédalage, un retour en arrière, une impression d'avoir fait fausse route et de devoir revenir sur ses pas pour comprendre quelque chose.
Les moyens de penser, de communiquer, de locomotion, ne savent plus s'ils avancent ou s'ils reculent et ralentissent considérablement.
L'énergie de Mercure ne peut plus s'exprimer pleinement, sur la Terre, et cela causerait des dérèglements internes ou des ralentissements chez certains individus.

*Le mouvement rétrograde est donc un changement observé depuis la Terre, il est apparent sans pour autant être réel, il survient quand une planète qui avance plus vite rejoint et dépasse une planète qui avance plus lentement.*

Tout est une question de point de vue et de perception. Et c'est justement cette perception qui fait que, quand Mercure rétrograde on ne tourne pas rond ! Il faut prendre cela comme la nature même de la petite Mercure, si légère, vive et rigolote avec son orbite fofolle : avec humour !
Mais aussi avec grand intérêt, car chaque année les reculades apparentes de la planète de notre mental aident à justement revenir sur un chemin peut-être emprunté trop rapidement, sur une réflexion pas assez maîtrisée ou sur des mots trop vite prononcés. Permettant de recommencer ce que, peut-être, on avait mal démarré.
3 ou 4 opportunités de mieux faire, pourquoi s'en passer ?
Il faut accueillir les pas en arrière de Mercure sans paniquer et justement sans arrière-pensée !

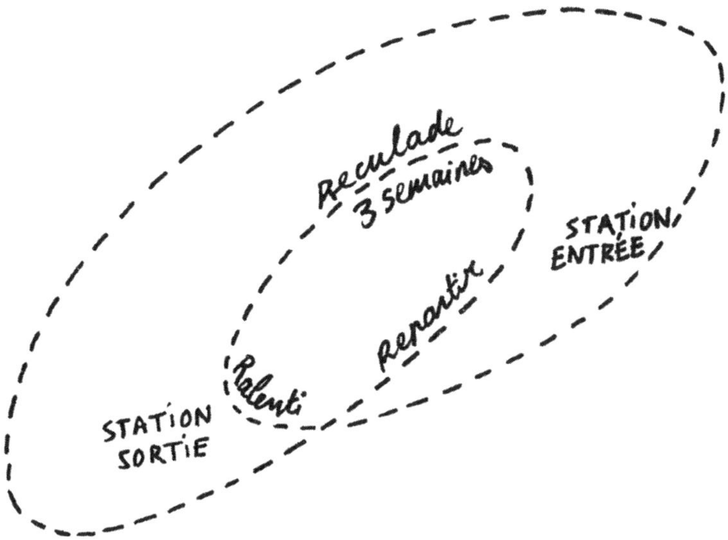

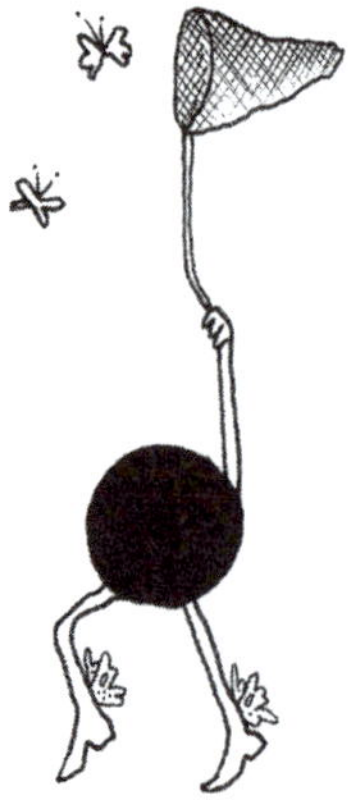

## COMBIEN DE TEMPS ÇA DURE ?

Une rétrogradation de Mercure s'étend sur environ trois semaines.

Elle commence toujours par un jour à l'arrêt qu'on appellera la **STATION D'ENTRÉE**. La planète ralentit tellement qu'elle semble s'immobiliser. Avant de repartir à reculons.

De la même façon, la fin de la rétrogradation se marque par un autre jour d'arrêt, la **STATION DE SORTIE**, où la planète s'immobilise afin de repartir, cette fois-ci dans le bon sens.
On imagine une station du départ et de fin, pour le train Mercure, et ses gares de départ et d'arrivée.

Entre les deux stations, on ne risque pas de s'ennuyer et des haltes seront possibles, des rencontres avec les autres planètes ou des aspects. Le plus notable est le **CAZIMI** (de l'arabe « cœur du Soleil »), moment où la planète peut se rapprocher au maximum du Soleil et créer le meilleur jour de la rétrogradation ! Celui où on comprend enfin tout, en pleine illumination.

Cependant, comme la planète en rétro ne ralentit pas d'un seul coup et ne repart pas non plus en trombe, comme un diesel, ses moteurs doivent chauffer ou au contraire se brider. Interviennent alors les phases qu'on appelle **PRÉ et POST-SHADOW**. L'ombre d'avant et l'ombre d'après.

La rétrogradation sera donc toujours précédée d'une période de ralentissement qui dure une vingtaine de jours. Pendant ce temps, Mercure rejoint son ombre, tel Peter Pan qui voudrait la rattraper, **c'est l'ombre d'avant, la PRÉ-SHADOW**. Le moment où on commence à sentir qu'il va falloir revenir en arrière sur ses dossiers, ses paroles ou ses certitudes.

Après sa rétrogradation et qu'elle est repartie dans le bon sens, la planète devra retrouver sa pleine vitesse et se séparer de son ombre pour à nouveau la dépasser, **c'est l'ombre d'après, la POST-SHADOW,** qui couvre aussi de ses 20 jours la remise en route. La période où l'on recommence à avancer progressivement, libre de ses incompréhensions passées, encore un peu inquiet·ète mais rééquilibréé·e.

Ces deux périodes sont aussi importantes que la rétro elle-même, mais dans une mesure de préparation et d'intégration.

## ET 2024 DANS TOUT ÇA ?

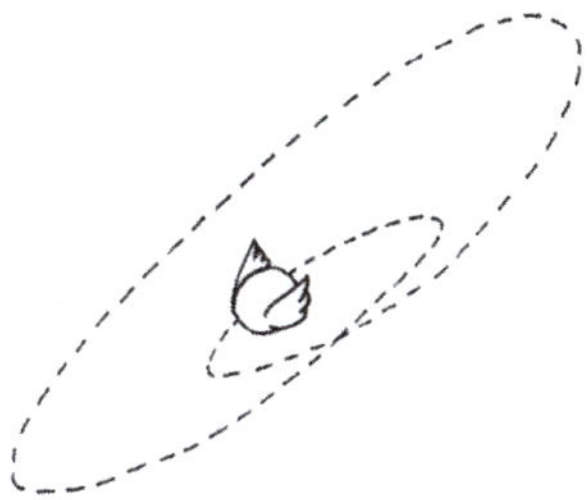

2024 sera encore une année très riche en événements astrologiques, comme une suite logique d'une année 2023 qui a lancé de grands changements personnels et collectifs avec des entrées planétaires de nouvelle ère, de nouvelle donne.

Comme la dernière boucle d'une grande montagne russe, cette année présente la lumière au bout du tunnel de l'évolution personnelle, intime, sociétale et collective, entamée par l'arrivée de **Pluton**, la planète de la transformation, en Verseau en 2023 (et sa ressortie presque illico), qui deviendra officielle en janvier.
Mais aussi celle de **Saturne**, maîtresse du temps et du karma, en Poissons venue aider à boucler les vieux dossiers, et au passage ceux de l'humanité, avant 2025.

2024 est donc transitoire et importante, pour apercevoir tout ce que demain réserve, mais surtout continuer d'avancer vers un chemin qu'on entrevoit de plus en plus distinctement.
Avec des mouvements clés, comme celui de la planète de l'abondance **Jupiter** qui traversera le Taureau en mettant l'accent sur plus de confort matériel, mais aussi sur de vraies problématiques mondiales autour des

richesses et des croissances, ou les différents carrés que **Pluton** va former lors de ses allers-retours entre le Verseau et le Capricorne, entre l'ancien monde et le nouveau, entre l'ancien soi et le nouveau soi, cette année bout du tunnel montrera à quel point on recherche la paix. Intérieure et émotionnelle. Ensemble et sur Terre, dans ses engagements, matérialités et vies incarnées.

**Les rétrogradations de Mercure** viendront alors nous aider. Afin d'intégrer toute la masse d'informations récoltées depuis 2021 et pendant toute l'année 2023, si riche en nouvelles données. Pour comprendre et digérer tout le nouveau savoir, pour ne pas dire sagesse, appris des dernières années qui n'ont pas été de tout repos pour les charges mentales et émotionnelles.
Les quatre rétrogradations viendront chacune inviter à repenser, revisiter, redéfinir s'il le faut, **les liens**. Entre soi et les autres, entre sa tête et son corps, entre son ego et son corps, entre ses buts et ses désirs, entre ses richesses et ses savoirs, entre son passé et son présent.
Alors sans paniquer, sans fuir, mais en acceptant de reculer un instant, ce guide va t'accompagner, cher·ère aventurier·ère de l'évolution, pour les traverser. Non pas pour les défier, pour y résister, mais pour co-créer avec Mercure et ses dysfonctions, survivre à une pensée peut-être figée, peut-être inquiète, peut-être parasitée par des idées obsolètes ou des mémoires qui n'ont plus d'utilité.
Mais surtout pour être comme Mercure, libre, léger·ère, flexible, drôle et excentrique, en te disant que de toute façon ça va passer.

**Tel Hermès, le messager aux bottines ailées, ce guide de survie va t'aider à bien te rétrograder, pour encore mieux avancer.**

*Et n'oublie pas ton Joker, si tu as tout essayé, l'excuse fonctionne toujours : c'est pas toi, c'est Mercure rétrograde qui l'a fait !*

# MERCURE RÉTROGRADE
# LA BOÎTE À OUTILS

Maintenant que tu es incollable sur Mercure, on va pouvoir entrer dans le vif du sujet en abordant chacune de ces rétros pour 2024 ! Chaque rétro a sa propre énergie en rapport avec le signe que traverse Mercure durant sa reculade et les aspects qu'elle forme avec les autres planètes.
C'est un guide de survie, alors on a tout donné pour que ce livre soit un outil très concret que tu peux garder précieusement. Emporte-le partout si tu en as envie, comme ça tu pourras y noter tout ce que tu souhaites au lieu d'accuser les autres ou Mercure (ou les deux) inutilement !

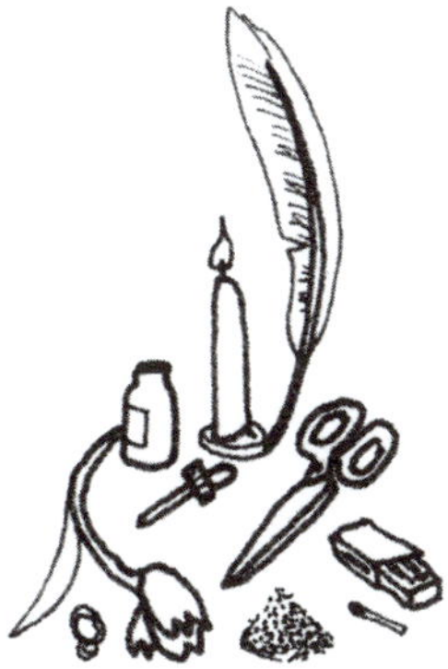

## POUR CHAQUE RÉTRO, TU TROUVERAS :

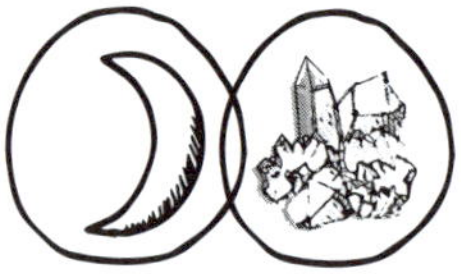

1 **Coach Zaza et coach Yoyo** qui te présentent la rétro, ses aspects et ses enjeux sur toute sa durée ainsi que des conseils et astuces énergétiques, avec également une pierre spécifique qui englobe toutes les problématiques que tu pourrais rencontrer.

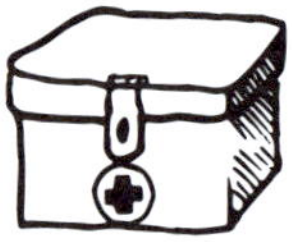

2 **Un kit de survie** avec ton mercuroscope et avec trois aides (ou mots-clés) et trois pierres pour rester calme en toute occasion. Elles t'apporteront un besoin d'énergie précis selon la façon dont tu vis la rétro. Nous sommes tous·tes différent·e·s avec des vibrations et des vécus particuliers alors suivant qui tu es, tu auras sans doute besoin de telle ou telle pierre pour que tout se passe bien.

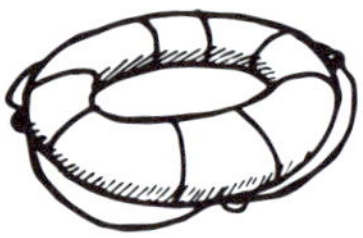

3 **Une bouée de sauvetage** avec :

- **1 exercice :** une proposition originale pour expérimenter la rétrogradation et ses énergies…
- **Les do et don't** : les conseils à faire ou ne pas faire pour que tout se passe bien.

4 **Un semainier avec** des infos jour par jour. Nous avons étudié les aspects astrologiques de chaque journée de la rétro et les avons ici synthétisés. C'est pour toi l'occasion de noter tes ressentis ou impressions afin de ne pas tout garder dans ta tête, ce qui serait la pire des erreurs à commettre avec Mercure !

Enfin, tu trouveras ci-contre une pierre que nous te conseillons pour bien vivre toutes les rétros de notre chère Mercure. C'est une pierre très générale que tu peux porter seule ou avec une autre pierre suivant les contextes.

### Le conseil de Johann

## LA PIERRE DE TOUTES LES RÉTROS

Connais-tu la **calcite bleue** ? C'est une de mes pierres chouchous que je recommande très souvent et que je te conseille pour bien vivre n'importe quelle rétro de mercure.

Pourquoi ? Car c'est une pierre apaisante pour tout le corps, mais aussi pour le cœur et l'esprit. Si elle est très efficace pour entamer un travail sur le chakra de la gorge, son action sur les pensées, le mental et les idées qui bouillonnent est impressionnante ! Elle va immédiatement dissoudre le brouillard dans le chakra du 3e œil (entre les deux yeux), relâcher les

tensions corporelles et détendre les émotions à accueillir et à gérer.

Son secret ? Sa formation sédimentaire qui est gage de stabilité et d'harmonie, contrairement aux pierres magmatiques (les quartz par exemple) qui vont plus soutenir notre énergie. Les rétros de mercure sollicitant fortement le mental et donc le chakra du 3e œil, la calcite bleue sera ton alliée de tous les jours, ta pierre pour souffler et retrouver le nord quand tu te perds avec toi-même ! C'est elle qui te permettra aussi de prendre du recul sur les situations que tu rencontres afin de mieux les comprendre.

On peut s'en servir la journée ou le soir, dans la poche ou sous l'oreiller, sur le chakra du 3e œil ou dans la main, en méditation ou en regardant une série. Je te la conseille vraiment, d'autant plus qu'elle ne coûte vraiment pas cher et que tu peux t'en servir dans d'autres contextes de la vie quotidienne.

**LET'S GO 2024 !**

PERDU·E·S DANS L'ESPACE

GUIDE DE SURVIE

# PERDU·E·S DANS L'ESPACE

**Houston, on a un problème.**

*Apollo 13*, Ron Howard

PRÉ-SHADOW, L'OMBRE D'AVANT

**25/11/23 au 12/12/23 → Sagittaire**

**Mercure rétrograde**

# en Capricorne

13 DÉCEMBRE 2023 → 2 JANVIER 2024

POST-SHADOW, L'OMBRE D'APRÈS

**2/01/24 au 21/01/24 → en Sagittaire puis retour en Capricorne**

# COACH ZAZA

La première rétrogradation de 2024 est aussi la dernière de 2023. Entre deux temps, entre deux espaces.
Étrange, tu me diras, de passer les fêtes de fin d'année à reculons.
Pas vraiment, dans ces années de cet espace-temps-là, de ce millénaire-là, de cette époque charnière-là pour l'humanité. Où l'on progresse uniquement sur du *un pas en avant, trois en arrière* et confiance en l'univers. Ou en soi, mais c'est un peu la même affaire.
Trois ans que l'on apprend à faire confiance aux lendemains, alors ça n'est pas un Noël qui ne veut pas avancer qui va venir nous étonner !

## Confiance

Confiance, le premier mot-clé de cette rétro.
Confiance, car dès décembre 2023 le temps va se figer, les smartphones se bloquer et les ex débarquer.
Confiance, car tu vas quand même avancer, liste de cadeaux de Noël et intentions de bonne année à la clé, pour toujours évoluer.
Confiance, car même avec flemme, tu vas la terminer cette sacrée année du choix !
Confiance en tes décisions, même si elles ne semblent pas porter encore tous leurs fruits. Sans te décourager.
Confiance enfin, car ton mental, tes pensées et tes idées sont emmêlés.
Mercure recule et veille, pour vérifier qu'on l'aura bien intégrée, la croisée des chemins de 2023.
Le choix pour demain.

Dès décembre tout devient fastidieux dans la matière, car la rétro a lieu en Capricorne.
Et dans ce signe, dans ce douzième du ciel visible, qui là nous impacte tous·tes, on parle de Terre.
De vécu terrestre et incarné, les deux pieds fermement plantés sur cette planète.
De budget, de métier, de factures, de paies, de tableurs Excel.
De s’organiser, de gérer, de contrôler.
De tout contrôler.

À commencer par tes affaires et tes projets, tes buts de carrière et tes découverts.
Compliqué de ne pas dépenser pendant ces jours festifs, avec Mercure qui virevolte dans ton porte-monnaie et une inflation qui lui donne de quoi s’envoler.
Tant mieux, tu me diras, au moins on les gâtera ! Nos proches.
Nos piliers, nos socles, que la jeune Mercure veut aussi te montrer.
Nos familles. Nos parents, nos lignées, à rapprocher.
Tant mieux, on les célébrera ! Sans regarder à la dépense, et sans compter nos tendresses.
Premier effet d’une rétro dans un signe qui compte. Ses sous, ses émotions, ce qu'il donne. Ce qu'il retient.
Attention alors à ne pas devenir avares du sentiment et des présents, feignants de la largesse, repliés dans une extrême sécurité. Ne rien donner pour ne rien perdre.
Le Capricorne est très attaché au passé, pour en conserver toutes les traditions. Pour que rien ne change, par volonté de sécurité et de stabilité.
Très attaché à Saturne, sa planète maîtresse, qui réclame ordre, rigueur, dur labeur et une vision de l'avenir un peu amère.
C’est ici que Mercure vient tout bousculer, pour terminer une année et en commencer une autre. Plus légère.
C’est ici que l’on commence 2024.
Empêché·e·s de gérer, empêché·e·s de regarder derrière. Empêché·e·s de retenir. Obligé·e·s de lâcher.

## Lâcher prise

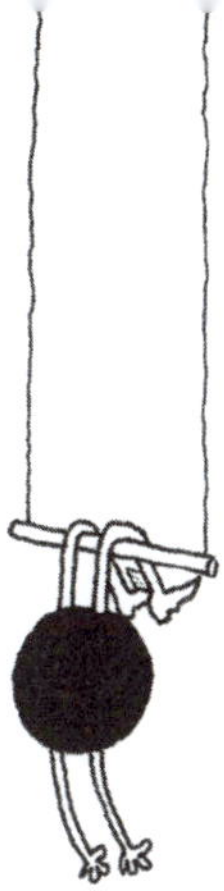

Cette rétrogradation n'est pas facile, je te l'accorde, car un peu austère. Mais elle est excellente pour lâcher prise.
Pour lâcher le contrôle sur bon nombre de tes préoccupations, complètement justifiées, du moment et de l'époque.
Du bilan de ton année.
Lâcher prise en premier lieu sur tes finances.
Car des problèmes bancaires, économiques, de salaire ont pu ressurgir depuis la fin de l'année 2023 et continuer ce janvier 2024-là.
À sec après les fêtes, ou inquiet·ète pour tes économies, tu seras contraint·e par Mercure de cesser de contrôler, du moins par ta pensée, le devenir de tes deniers.
Lâcher prise sur tes ambitions et buts, peut-être périmés, qui ne sont peut-être plus réalisables dans ce futur-là. Qui ont évolué.
Il s'agira alors de les redéfinir.
Il s'agira de comprendre les liens intrinsèques entre deux pôles : émotionnel et financier. Deux énergies qui forment ce que l'on appelle nos buts, nos projets.
Nos rêves.
Entre l'envie, donc le désir émotionnel, de se réaliser, et les moyens matériels que l'on pourrait se donner, un équilibrage est proposé par cette rétro et il sera fait.
Être à la mesure de tes moyens !
Pour avancer et manifester tes besoins.
Lâcher prise enfin sur les ex. Revenant au galop comme des cadeaux de Noël dont on ne voulait pas. Impossible de les revendre sur Vinted ceux-là !
Il faudra alors faire quelque chose qu'on n'aime pas : décider qu'on se quittera, ou qu'on s'est quitté·e·s.
Se rappeler pourquoi la relation s'est arrêtée à l'époque, et pourquoi elle s'arrêtera encore si l'on remet ça.
Se donner les moyens, encore, d'aimer à nouveau sereinement.

## Flexibilité centrée

Alors entre cette période charnière de fin et de début d'année, un passé et un futur qui se dessine à peine, à grand renfort de 1er janvier et de bonnes résolutions posées, Mercure va t'aider. À reculer pour mieux sauter.
En te perdant. Dans l'espace et le temps.
Passé et présent vont beaucoup se chevaucher et il faudra s'accrocher pour trouver l'ancrage, il faudra bien serrer les cailloux de Yoyo.
Ici et maintenant.
Perdu·e entre l'espace de toutes tes réalisations, et celui de tous tes regrets, de tes ambitions passées.
Trouver un centre, faute de terre ferme. Cette rétro te fait pas mal décoller !
Trouver une direction, encore inexplorée, tels des cosmonautes dans l'espace ne sachant plus où est le nord.
Trouver ce nord du solstice d'hiver et du Capricorne, que Mercure vient te montrer, comme une boussole intérieure.
La planète entrera pendant sa course à reculons chez le voisin Sagittaire, car quand Mercure « moonwalke », elle peut changer de signe. Mais elle reviendra sur le territoire du Capricorne en fin de voyage, bien en ligne.
C'est donc un centre souple, ouvert, flexible et mutable, comme ce signe de transition qu'est le Sagittaire, que je te propose d'adopter.
Un centre non rigide.
Si tu acceptes de lâcher la barre et de retrouver le nord par des chemins détournés de ceux initialement imaginés, toutes les procrastinations, par crainte de ne pas y arriver, trouveront leur résolution, et ça passera aussi bien qu'un double café crème, tu verras.

Le Capricorne a cela de beau qu'il sait comment grimper une montagne, il n'a pas peur de l'effort !
Et même si cette rétro te laisse avec l'envie de ne rien faire, de ne rien tenter, de ne rien souhaiter pour ces premiers jours de 2024, Mercure la messagère, dans ta jolie tête, aura bien travaillé.

On sera prêt·e à poser des conclusions, à fermer des portes, à trouver des libérations émotionnelles et personnelles, professionnelles sûrement. Afin d'en ouvrir d'autres dès la post-shadow.
Comme dirait Yoyo, patience et *let's go*.
Bien sûr, tu risques de jeter des coups d'œil derrière, sur un avant que tu croyais mieux, mais on aura tous·tes l'envie d'en découdre avec ses anciennes connexions et ambitions.

## Revisiter, Mercure ne cesse de le répéter

Les mails de boulot qui ne veulent plus arriver, les anciens partenaires qui essaient de rentrer, les dossiers non bouclés, les quiproquos dans les vœux de fin d'année.
Haut les cœurs, ami·e·s terrien·ne·s !
La première rétro de l'année est en Capricorne et c'est gage de solidité.
Les efforts faits pour avancer seront largement récompensés.
Reste calme, reste focus et lâche le passé.
Bonne année !

**Et comme toute bonne rétrogradation pose des questions…**

ALLÔ MERCURE, IL ME DIT QUOI MON PETIT CŒUR ?

***Cette histoire d'amour ou d'amitié est-elle vraiment terminée ?***
***Cet héritage ou ce lien familial sert-il mon moi présent ?***
***Suis-je prêt·e à devenir parent ?***

## COACH YOYO

Fin 2023 se joue sur une note nostalgique avec cette rétro où tu te sens flotter au gré du vent. Je te rassure, tout ira bien. Tu as déjà survécu à d'autres rétros et à bien pire que cela. Surtout, n'en fais pas une montagne ou une fatalité.
C'est une invitation à rester les pieds sur terre pour la grande majorité de cette rétro. Cela se passe dans le chakra racine, un centre d'énergie situé entre les jambes. Comme un cône qui s'ouvre vers le bas pour à la fois drainer les énergies usagées et aussi prendre les énergies fortes et rassurantes de la Terre. C'est un chakra souvent en dysfonctionnement car on te propose tout le temps tout un tas d'idées ou d'images qui sur-sollicitent le mental au détriment du corps et des ressentis. Alors prends le temps de ressentir ce qu'il se passe en toi et de rester connecté·e avec le monde. Les pierres que l'on te propose vont t'y aider.

## La clé de cette rétrogradation > L'acceptation

Tu le sais sans doute déjà, plus on lutte contre quelque chose, plus les effets empirent. Quitte à être paumé·e, autant l'être à fond par moments sans lutter contre le flot d'événements incontrôlés qui se présentent à toi. Je ne te dis pas de te résigner, mais d'accepter temporairement que l'on ne contrôle pas grand-chose ! Tu le verras dans le semainier, entre le 23 et 27 décembre une énergie Poissons de flottement sera présente, c'est le parfait timing pour se laisser aller et chiller entre Noël et le Jour de l'an. Tu sais, ce moment de l'année où tu ne sais pas vraiment si tu dois aller bosser ou rester sur le canapé. Eh bien là, reste chez toi si tu peux et laisse couler.

Reste fidèle à tes valeurs de cœur : qu'elles soient un socle sur lequel t'appuyer en toutes occasions. Certaines valeurs sont immuables et restent gravées dans ton chakra du cœur pour toi, tes relations, ta santé émotionnelle et mentale.

## Ta pierre > L'hypersthène

Pour cette rétro, je te propose l'**hypersthène**, une jolie pierre noire avec des reflets cuivrés. Tout au long de cette période, elle sera ta référente pour renforcer ta protection naturelle qui passe par le corps et l'ancrage (et non par des grigris magiques qui font le travail à ta place). Elle est à la fois excellente pour se connecter à la terre et ses énergies rassurantes, mais aussi pour affûter son esprit et rester vigilant·e. Moins pesante que certaines autres pierres noires, elle favorise les prises de conscience et le respect de soi en toute occasion.

Tu trouveras aussi d'autres pierres ci-dessous que tu pourras choisir en fonction de ce que tu ressens durant cette rétro. Si l'hypersthène est la base, tu peux la remplacer par d'autres pierres plus adaptées à ton état du moment[1]. Je te conseille de privilégier le travail avec une seule pierre à la fois, sinon cela risque d'être flou pour toi et tes énergies.

1 Pour en savoir plus sur la lithothérapie, tu peux consulter mon ouvrage *S'ouvrir à l'énergie des pierres : une approche claire et pratique de la lithothérapie*, Éditions Exergue, 2020.

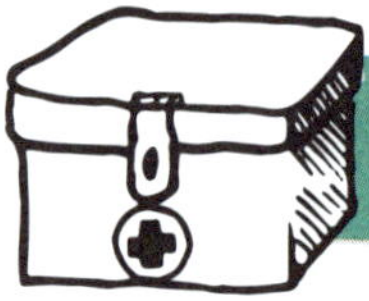

# TON KIT DE SURVIE

## Mercuroscope

*Les signes solaires, ascendants et lunaires les plus affectés seront : les Béliers, Taureaux, Vierges et Balances. Avec une mention spéciale aux Sagittaires, Cancers et Capricornes.*

**La rétro du Bélier :** Pendant cette rétro, essaie d'éviter les conflits avec l'être cher, car il y a un risque de dommages permanents et irréversibles sur la relation. Fais attention aux quiproquos et incompréhensions dans toutes vos discussions. Que ça soit à table ou sous l'oreiller, tu es invité·e à gérer, mais avec patience.
Au travail, prends garde à ne pas miser trop gros ou à jouer la prise de risque financière, ménage ta monture, ami·e Bélier !

RE-PATIENTE

**La rétro du Taureau :** Un certain nombre de petits problèmes à court terme peuvent parasiter les relations. La communication, le boulot, la vie sociale débridée. Essaie de recevoir les autres et les situations avec charme et tout coulera paisiblement.
Au travail, prends garde à tes investissements et de manière plus générale, à tes dépenses.
Si tu as récolté des étrennes alléchantes, ne dilapide pas tout en urgence. Même topo sur ton énergie, vas-y mollo !

RE-ÉCONOMISE

**La rétro des Gémeaux :** Si tu parviens à maintenir l'équilibre dans tes relations, cher·ère Mercurien·ne, ça se passera bien, ça passera crème !

Mais fais attention à ne pas t'embarquer sur un nouveau projet, notamment professionnel.

Cette rétro peut te rendre un peu trop optimiste. Et un excès d'ego, une compétitivité réveillée ou simplement l'envie de gagner pourraient être compliqués pour tes investissements.

## RÉ-ÉQUILIBRE

**La rétro du Cancer :** Tu vas sûrement douter beaucoup de toi-même avec Mercure qui recule dans ton signe opposé, mais complémentaire. Ton principal challenge sera de maintenir intactes une croyance et une confiance en toi à toute épreuve.

La rétro pourra te faire ressentir que ton autre ne s'investit pas assez, ou plus du tout. Attention, car ce sont de fausses impressions, laisse-les passer !

Financièrement, la chance sera avec toi et le porte-monnaie prêt à se remplir, si tu acceptes d'aller vers l'avant et de saisir les opportunités.

## RASSURE-TOI

**La rétro du Lion :** Attention à ne pas être tenté·e par l'envie d'évoquer à nouveau les problématiques anciennes dans ta relation avec l'être cher. Laisse le passé passer, généreux·se Lion, sois magnanime ! Mercure te donne une chance de tout redémarrer.

Bon, si tu acceptes d'économiser en n'achetant pas quelque chose qui dépasse ton budget ! Reste patient·e, tu pourras te payer cette merveille, une fois la rétro terminée.

## RE-DÉMARRE

**La rétro de la Vierge :** Tu pourrais bien être la seule énergie astrologique à te sentir stable dans tes communications et tes interactions pendant que Mercure recule. C'est normal, c'est ta planète maîtresse ! Cela affecte surtout, pour le mieux, tes relations amoureuses.
En revanche, des tensions externes peuvent causer des turbulences au travail ou dans ta vie sociale. Reste calme et crois en toi, alors tout ira bien !
Le petit bémol serait sur tes finances, ne dépense pas trop.

### RE-CALME

**La rétro de la Balance :** Ce moment va se révéler très favorable pour toi, ton sens de l'équilibre saura guider ton intuition pour retrouver le nord pendant cette rétrogradation. Mercure distribue des envolées significatives sur ta carrière, au top du top ! En revanche, tu pourrais rencontrer des couacs avec ton·ta cher·ère et tendre, si tu n'affrontes pas les discussions en donnant le meilleur de toi. Résiste à la fuite par peur du conflit.

### RE-AIME

**La rétro du Scorpion :** Mercure vient semer des doutes dans tes relations affectives. En couple, ton·ta partenaire pourrait avoir en effet certaines réserves au sujet de ta fidélité ou de ton engagement vers un futur radieux, et sérieux ! Il va falloir lui parler de tes plans à cœur ouvert, ça sera la meilleure des solutions à trouver. Tu vas le·la rassurer concernant ta sincérité, et le reste roulera !
Au travail, attention aux commérages, rester discret·ète tu essaieras.

### RE-DIALOGUE

**La rétro du Sagittaire :** La rétro de Mercure va te donner une chance de regagner ta liberté. Plus stable, et avec beaucoup de possibilités de recommencer, de redémarrer, à nouveau.

Un·e Sagittaire tout neuf·ve, qui n'a même plus la flemme de bouger, comme revigoré·e. Pourtant, ton sens aigu de la liberté pourrait te causer des problèmes, particulièrement avec ton·ta partenaire. Alors n'oublie pas de lui donner du temps. Financièrement ça se stabilise, de quoi garantir tes projets d'avenir !

### RECOMMENCE

**La rétro du Capricorne :** Mercure recule chez toi et va t'aider à renforcer ta personnalité. En conséquence directe, tu pourrais t'associer avec des gens qui t'aideront à construire le futur que tu souhaites, professionnellement ou affectivement. Ta relation avec ton crush peut être ravivée et revigorée, si tu lui assures que tu seras là pendant des années. Financièrement, ne fais pas d'achats de *last minute* qui dépasseraient ton budget.

### RASSURE

**La rétro du Verseau :** Tes relations pourraient plonger en eaux troubles, car il semblerait que tu aies acquis une trop grande liberté. Mercure vient te montrer de quelles façons tu t'es éloigné·e de l'être cher, sans même le réaliser. Penses-tu que continuer de la sorte arrangera tes affaires ? Attention à ne pas aller au break ou à la rupture. Si tu l'aimes sérieusement, reviens à la maison à temps !

### REVIENS

**La rétro des Poissons :** Même si entre ton crush et toi les choses pourraient beaucoup s'améliorer pendant cette rétro, les tensions extérieures sont en jeu. Seul·e·s contre le reste du monde ? Sûrement, mais plus forts ! Tu pourras à la fois rassurer ton·ta partenaire que tout est OK, ou complètement l'ignorer pour défendre ton intimité, il faudra choisir ! Au travail et en vie privée, Mercure te lance un *wake up call* !

### RÉVEILLE-TOI

## 3 aides x 3 pierres

### ANCRAGE

C'est l'ancrage qui va t'aider à tenir le cap et à ne pas trop dévier dans l'espace... être ancré·e, c'est être présent ici et maintenant à ce que tu vis, ressens, vois, là, sous tes yeux. C'est être conscient·e de ton corps, de tes idées, de tes envies.

La pierre qui va t'aider est le **bois fossile**. Une pierre que je recommande très souvent pour retrouver de la stabilité et des appuis solides. Il s'agit, comme son nom l'indique, d'un morceau de bois qui a été silicifié avec le temps. Quoi de mieux qu'un arbre avec ses racines pour nous montrer le chemin de la sagesse tranquille ? Je sais que le marron n'est pas une couleur qui attire mais en lithothérapie, c'est celle-ci qui est à privilégier quand on manque de repères et que l'on sent ses idées et son corps perdus. Avec le bois fossile, on retrouve une base saine et précieuse pour vivre dans le monde avec naturel et aisance.

### LAISSER PARTIR LES EX ET LE PASSÉ

Tu l'auras compris, cette rétro va te challenger sur le passé qui déboule devant ta porte, avec des ex qui réapparaissent soudainement, des situations non résolues ou des histoires de sous non réglées (du genre l'Urssaf si tu es à ton compte, eux ils ne t'oublient jamais, Mercure rétro ou pas).

La **tourmaline melon d'eau**, petite pierre rose et verte, assez rare, sera ta pierre de prédilection pour laisser aller l'ancien, guérir les relations et surtout rester bien centré·e dans ton cœur et tes valeurs. Je ne te cache pas que c'est une pierre puissante qui peut secouer au tout début. C'est normal, c'est un temps d'adaptation afin que tes énergies s'alignent dans le chakra du cœur et que tu retrouves une belle cohérence dans ce qui te tient à cœur. Si elle est trop forte ou que ton budget est trop serré, tu peux te tourner vers la rhodochrosite, plus douce mais très pertinente pour tout ce que l'on vient d'évoquer.

## AMBITION

Même perdu·e dans le brouillard mental propre aux rétros de Mercure, les énergies vont te pousser à garder tes objectifs, à soutenir tes ambitions, tes rêves, à montrer au monde ce que tu as dans le ventre. C'est surtout à partir du 28 décembre (cf. semainier) que tu auras l'occasion de faire de grands pas en avant, porté·e par les énergies de Mars.

L'**héliodore** est une superbe pierre jaune, du groupe des Béryls (sa cousine est l'émeraude, ou encore l'aigue-marine). C'est le niveau supérieur de la citrine. En plus de booster la joie et la confiance, elle te porte vers le haut avec une magnifique énergie ascendante. Tu peux parler de tes projets sans te cacher, montrer les talents que tu taisais, briller sans craindre de faire de l'ombre autour de toi. Elle t'aidera à garder dans le viseur tes objectifs coûte que coûte. Son nom vient du grec *hêliosdôrea* : le don du Soleil. Tout est dit !

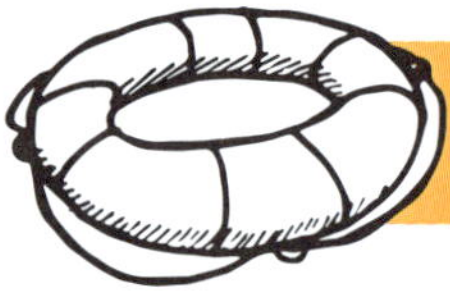

# TA BOUÉE DE SAUVETAGE

EXERCICE

## Le reset solaire

*Rien de mieux que de commencer l'année avec un rituel pour partir sur de bonnes bases. Prends un moment pour toi et donne tout, on compte sur toi !*

**Étape 1** Mets-toi si possible dehors pour voir le soleil (même s'il y a des nuages). Enveloppe-toi dans une jolie bulle de lumière verte et commence par respirer à fond pour ressentir ton corps et tes énergies qui circulent. Prends tout ton temps.

**Étape 2** Jette devant toi tout ce que tu souhaites laisser aller, ce qui te retient en arrière, ce qui te fait du mal et dont tu n'as plus besoin. Tu peux les jeter avec tes bras, crier, sauter, tout ce qui peut t'aider à quitter ces énergies. Imagine la bulle de lumière verte très grande autour de toi qui nettoie toutes les vieilles énergies et t'apaise.

**Étape 3** Face au soleil, affirme à voix haute et distinctement tes intentions pour cette année avec des phrases courtes et simples. Pas de « bah ça serait cool de peut-être revoir Jean-Michel enfin je sais pas trop », non, tu dois faire précis et efficace ! C'est le moment de poser tes intentions et de te projeter. Fais comme si tout était déjà là, tout simplement.

DU 13 DÉCEMBRE 2023 AU 2 JANVIER 2024

## Les DO et DON'T

### DO

*Pratique la patience et reprogramme tes plans ou tes agendas.*

*Accepte les délais pour une inscription à des études supérieures ou à des formations.*

*Comprends qu'un retard n'est pas une annulation.*

*Économise.*

### DON'T

*Si tu es artiste ou créatif, ne lance aucun projet.*

*Si tu es entrepreneur, ne signe pas de contrat important.*

*Non, cet ex n'a pas changé.*

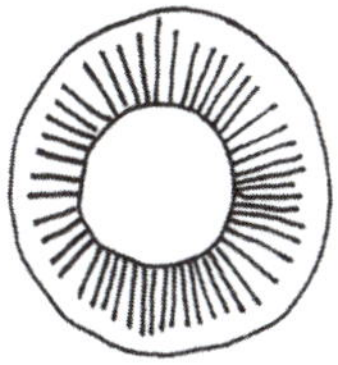

GUIDE DE SURVIE

# TA RÉTRO JOUR PAR JOUR

| 11 LUNDI | 12 MARDI | 13 MERCREDI |
| --- | --- | --- |

## PRÉ-SHADOW

**DU 25 NOVEMBRE AU 12 DÉCEMBRE 2023**

Nous nous sentons anxieux·se·s, avec une tendance à procrastiner, comme si le passé nous retenait en arrière.

**Aucune pression !**

Tout comme la petite planète de notre mental, nous commençons à ralentir. Nous regardons le passé pendant 17 jours.

**Station d'entrée**

**DÉBUT DU RESET**

**→ DANS LE CIEL**
Nouvelle lune en Sagittaire.

Avoir la foi, y croire. Tu peux poser des intentions si tu le souhaites.

## 14 JEUDI

**Plongée dans nos mémoires**

**→ DANS LE CIEL**
Mercure recule sur la Lune en Capricorne.

Tu te sens nostalgique.

## 15 VENDREDI

**Pleurer peut soulager**

## 16 SAMEDI

**Attention aux disputes**

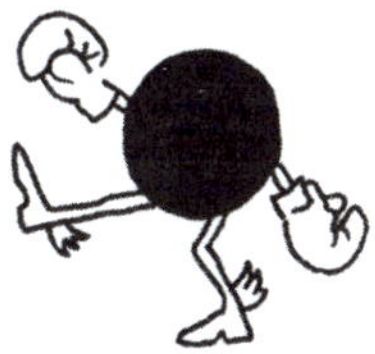

## 17 DIMANCHE

**Cœur ou raison ?**

# DÉCEMBRE 2023 QUARTIER LIBRE !

11 LUNDI

12 MARDI

13 MERCREDI

# → À toi de jouer, d'écrire, de ressentir Mercure...

**14** JEUDI

**15** VENDREDI

**16** SAMEDI

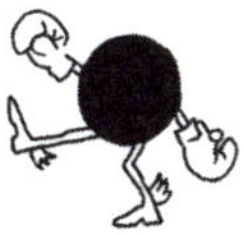

**17** DIMANCHE

## 18 LUNDI

**Demande pardon**

## 19 MARDI

**La vérité, rien que la vérité**

## 20 MERCREDI

**Allô maman bobo**

→ **DANS LE CIEL**
Mercure forme un carré à Chiron le guérisseur et au nœud nord en Bélier.

Résilience de blessures et traumas passés, tu tournes définitivement une page pour enfin te réinventer.
"Je suis à nouveau."

→ **PIERRE DE SECOURS**
Lépidolite pour calmer les tensions.

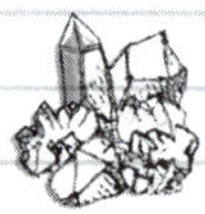

## 21 JEUDI

L'ancien
est terminé,
j'accueille
la nouveauté !
L'envie revient

## 22 VENDREDI

**Cazimi**

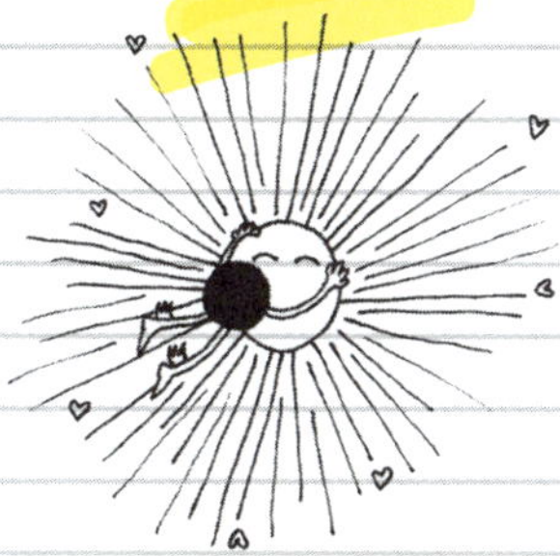

**➜ DANS LE CIEL**
Mercure
se brûle au Soleil
en Sagittaire.

Meilleur jour de la rétro !
Prise de conscience,
clairvoyance,
clairaudience,
on comprend tout !

**➜ PIERRE DE SECOURS**
Tu peux prendre
un cristal de roche
pour tout éclaircir.
Et surtout, kiffe
cette journée !

## 23 SAMEDI

**DU 23 AU 27 DÉCEMBRE 2023**

**Le grand flou***

**➜ DANS LE CIEL**
Mercure au carré de
Neptune en Poissons
jusqu'au 27 décembre.

Autorise-toi
à rêver

## 24 DIMANCHE

Prends le temps
de ressentir

* **Le grand flou :** nous avons la sensation d'avancer dans le brouillard. Tout est flou. Les frontières réalité et imaginaire s'estompent. Le mental est submergé par les émotions. Attention aux limites. Ne prends pas de décisions hâtives. Méfie-toi des illusions. C'est le moment de renouer avec ou de découvrir une pratique spirituelle.

| 18 LUNDI | 19 MARDI | 20 MERCREDI |
| --- | --- | --- |

# → À toi de jouer, d'écrire, de ressentir Mercure...

**21** JEUDI

**22** VENDREDI

**23** SAMEDI

**24** DIMANCHE

## 25 LUNDI

DU 23 AU 27 DÉCEMBRE 2023

Le grand flou*

Il est temps de te recentrer

## 26 MARDI

DU 23 AU 27 DÉCEMBRE 2023

Le grand flou*

Soutiens le féminin

C'est ta capacité
à recevoir
qui est sollicitée.
Accueille.

## 27 MERCREDI

DU 23 AU 27 DÉCEMBRE 2023

Le grand flou*

Agis à l'instinct

## 28 JEUDI

**Mars et ça repart, oui !**

→ **DANS LE CIEL**
Mars vient filer un coup de main à Mercure en Sagittaire.

Tu te sors de tes torpeurs et tu agis.

Bon moment pour FAIRE (l'amour, les cadeaux, le plein du frigo).

## 29 VENDREDI

**Fais marcher ton esprit critique**

## 30 SAMEDI

**Pose tes limites émotionnelles**

## 31 DIMANCHE

→ **DANS LE CIEL**
Mercure se positionne entre Mars et Vénus.

Au bal masqué ohé ohé ! Tu inverses les rôles et les genres.

***Le grand flou :** nous avons la sensation d'avancer dans le brouillard. Tout est flou. Les frontières réalité et imaginaire s'estompent. Le mental est submergé par les émotions. Attention aux limites. Ne prends pas de décisions hâtives. Méfie-toi des illusions. C'est le moment de renouer avec ou de découvrir une pratique spirituelle.

# DÉCEMBRE 2023 QUARTIER LIBRE !

**25** LUNDI

**26** MARDI

**27** MERCREDI

## → À toi de jouer, d'écrire, de ressentir Mercure...

**28** JEUDI

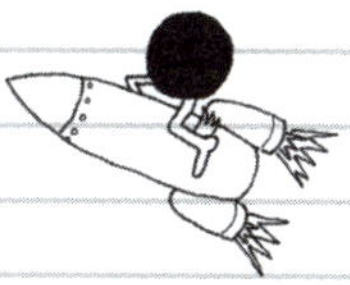

**29** VENDREDI

**30** SAMEDI

**31** DIMANCHE

# JANVIER 2024

**1er** LUNDI

**Station de sortie**
Bonne année !

→ **DANS LE CIEL**
La rétrogradation est terminée. Mercure va dépasser son ombre.

Alors bonne année, bonne santé et surtout des sous dans le porte-monnaie (nous sommes en Capricorne).

→ **LEÇONS APPRISES**

- Faire des économies
- Se créer des objectifs
- Bye bye les ex

**2** MARDI

## POST-SHADOW

**DU 2 AU 21 JANVIER 2024**

Nous nous remettons en mouvement, mais restons dispersé·e·s avec la sensation de ne pas être libres d'agir ou de décider. Pourtant, Mercure nous redirige petit à petit vers nos buts et pour de bon.

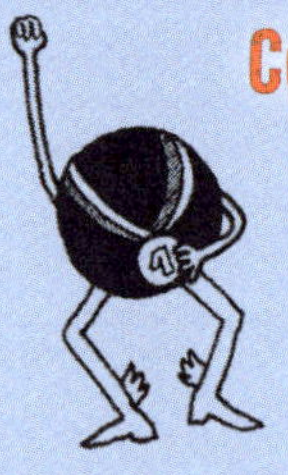

**Cette rétrogradation s'achève, bravo, tu l'as fait !**

→ **TA PIERRE COUP DE POUCE**
Pour accompagner ta lancée : l'œil de fer !

**3** MERCREDI

4 JEUDI

5 VENDREDI

6 SAMEDI

7 DIMANCHE

# QUARTIER LIBRE !

| 1er LUNDI | 2 MARDI | 3 MERCREDI |
| --- | --- | --- |

# → À toi de jouer, d'écrire, de ressentir Mercure...

**4** JEUDI

**5** VENDREDI

**6** SAMEDI

**7** DIMANCHE

AU PIED DU MUR
Qui suis-je ?

GUIDE DE SURVIE

# AU PIED DU MUR

**Miroir, mon beau miroir...**

*Blanche-Neige et les sept nains,* Les frères Grimm

PRÉ-SHADOW, L'OMBRE D'AVANT

**18/03/24 au 1er/04/24 → Bélier**

**Mercure rétrograde**

## en Bélier

2 AVRIL 2024 → 25 AVRIL 2024

POST-SHADOW, L'OMBRE D'APRÈS

**26/04/24 au 13/05/24 → en Bélier**

# COACH ZAZA

Quel printemps t'attend ! Mercure y déroule sa deuxième rétrogradation et le Soleil une éclipse totale (la Lune se glisse entre le Soleil et la Terre). Alors, si avril ne se découvre pas d'un fil (moi aussi, Yoyo, je peux dégainer les proverbes !), les mouvements de ces astres risquent de te faire te sentir beaucoup moins libre.
Comme si tu étais retenu·e, comme si tu ne pouvais plus bouger, plus avancer. Ne plus y voir clair.

En saison du Bélier, c'est contrariant. Et c'est un moindre mot ! Car au printemps, tout ce que l'on veut, c'est foncer droit devant, cœur ouvert et impulsion de vie reboostée, prêt·e à tout redémarrer. En pleine lumière !
Le Bélier, signe de l'équinoxe de printemps de ce côté du globe, accompagne la vie réincarnée, les floraisons, le renouveau de l'année astrologique et le reset.
Et puis Mercure se la ramène et te dit : non chéri·e, tu vas devoir, encore, reculer.
Non pas pour mieux sauter cette fois-ci, mais pour mieux t'aimer.
D'abord toi, tel un Bélier, en premier ! Et c'est justement ta profonde personnalité que la rétro va venir titiller, avec un premier mot-clé qui en dit long, le soi.

Le Bélier utilise l'instinct de qui il est, de sa personnalité, pour défoncer des murs et ouvrir des passages, pour porter des projets, pour commencer un nouveau cycle. Et habituellement, on en bénéficie tous·tes. Cette année 2024 pas comme les autres, de lumière au bout du tunnel, demande dès lors d'utiliser toute cette énergie vitale, ce big bang, non plus pour forcer des portes dehors, mais dedans.

Les portes du *Moi*.
Mais qui es-tu ? Mais qui suis-je ? Et pas pour se regarder le nombril, mais pour savoir où on va. Où on ira, après.
Comprendre ton *Moi Je*, c'est le projet, à grands coups de remises en question, somme toute très mercuriennes. Très mentales.

## Être soi

Être soi, mais pas en compétition avec toi-même et la fatigue du moment. Tu pourrais clairement te sentir épuisé·e, démotivé·e, et agacé·e parfois, par ton incapacité à sortir du lit, du canapé, ou de la remise en question.
Elle est pourtant salutaire, cette rencontre avec ton nombril en tête-à-tête avec ton ego. Car tu voudrais, car on voudrait, tellement en faire.

On voudrait se réveiller fraîche et frais comme la rosée du matin. On voudrait que tout progresse, que tout soit fait et bien fait. Ne pas perdre de temps.
On voudrait bien être soi-même et le meilleur si possible. Alors que nous nous retrouvons léthargiques, comme si un mur se dressait entre nous et notre propre reflet, comme si celui et celle que nous voulions être ne nous ressemblait pas. Ne nous ressemblait plus.
Être soi pour avancer mais Mercure et nos idées reculent.
Être soi alors pour se revisiter.

Parce que notre capacité de leadership en prend un sacré coup, parce que les décisions sont dures à prendre ou agressives, voire tyranniques. Parce qu'on ne sait plus comment demander, être écouté·e, être respecté·e, être regardé·e.

Être vu·e.
Il sera judicieux pendant cette période de repousser les compétitions, marathons ou événements sportifs si on les avait programmés, de reporter toute possibilité de gagner, afin d'apprendre à perdre.

## Effet miroir

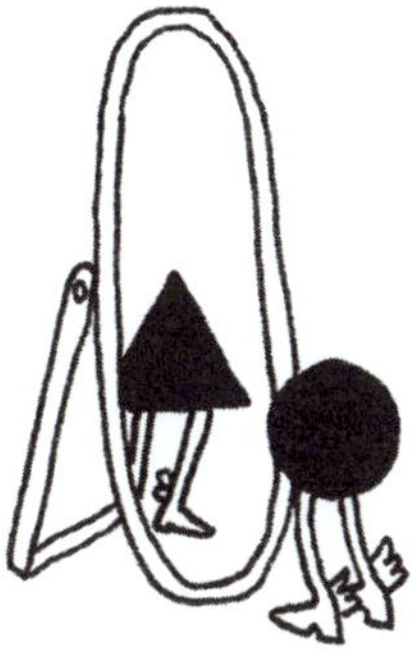

Mais ce sont surtout tes relations que tu seras invité·e à questionner.
Pourquoi ? Car c'est dans le un *avec un*, et pas dans le un *contre un* que Mercure pousse à savoir quel type de partenaire, et donc quel type d'humain on est. À deux, on est plus forts ! Mais il faudra repenser entièrement, pendant cette rétro de Mercure, les mécaniques relationnelles.

Donner et recevoir et effet miroir dans l'air, comment va-t-on faire ? Pour être un tout en étant deux ?
Par l'importance qu'on accorde à l'image de soi, et donc par encore une fois l'amour de soi. C'est l'image que l'on projette qui est dans le viseur de Mercure, qui n'en rate décidément pas une.
Comment les autres te perçoivent, ou comment voudrais-tu être adoré·e par ton·ta bien aimé·e ?
Il y aura des incitations à se voir tel que l'on est et à percevoir une vision non déformée de son rôle dans la relation, qu'elle soit affective, sociale ou professionnelle.
D'ailleurs, fais très attention aux réseaux sociaux pendant la période, je te le conseille. Ils pourraient te faire tomber dans un scrolling envieux ou changer 43 fois ta photo de profil, pour convenir à tes admirateurs en devenir.

Se voir dans les yeux de l'autre pour exister, et enfin pouvoir passer le mur de ses insécurités. Ou alors prendre le parti de se renouveler au-delà des diktats de beauté, de mode, de cadre ou de société ?
Mercure te veut libre et capable de communiquer, elle souhaite t'aider à dépasser ce mur du *self*, ce mur du soi. Traverser le miroir pour aller voir de l'autre côté.
Libre de passer du *Je* au *Nous* et par là même, améliorer tes relations qui, là, peuvent sérieusement se compliquer.

On cherchera chacun·e à dominer, à s'imposer, à essayer de lutter contre une certaine lassitude relationnelle dans l'air, et même à vouloir s'isoler.

Avec Mercure qui recule, tu sais que rien n'est vraiment clair, mais que tout le deviendra après, comme si ce printemps-là, en pleine montée de sève et de renouveau, subissait de tardives gelées et se trouvait coupé dans son élan. Un élan et une envie d'avancer vers l'autre et vers les gens, d'éclore, de renaître.
Après une longue période de bilan. Un élan coupé, afin de mieux intérioriser, repenser, revisiter, affirmer. Non plus qui tu es, mais qui tu as envie d'être.

## Loyauté

Être fidèle ? Sûrement, car des problématiques de loyauté vont s'imposer. À l'autre, mais surtout à toi-même, encore une fois, on aura bien compris que cette rétro met face à soi-même. Au pied de son ego.
L'ego, qui est la source de l'action vers l'avant, celle sans peur et sans reproche, en tout instinct. En toute insouciance.
Une insouciance d'enfant que l'on aura raison d'utiliser pendant cette rétro, finalement trop adulte pour une saison du Bélier. D'ailleurs, des douleurs physiques pourraient être présentes, dans les jambes, les genoux, comme des douleurs de croissance.
*La tête et les jambes*, selon l'expression populaire, devront s'accorder.
Mercure venant s'assurer que ta bobine, embrouillée dans ses *Moi je*, parvient à se relier à nos pieds qui veulent y aller.
Il est question de perdre la mémoire, et cela pourrait vraiment arriver ! Oublis, tête en l'air et rendez-vous ratés, tout sera fait pour t'arrêter, dans une action trop irréfléchie et qui, au final, desservirait ton ego.
Alors, si tu oublies le prénom de ton *crush* ou l'heure du boulot, mais surtout si ces deux-là te dévalorisaient, tu comprendras...

... que parfois il vaut mieux s'arrêter plutôt que de foncer tête baissée !
Même si tu bouillonnes, repose-toi, regarde-toi, aime-toi. Alors, tu avanceras.
Cette rétro est très libératrice si tu comprends comment l'appréhender.
Comment être loyal·e à ton moi blessé. Rester au lit et l'écouter, reporter tes envies de gagner ou d'actionner.

**Pour un instant, pour un instant seulement. Car au printemps, rien ne dure jamais très longtemps !**

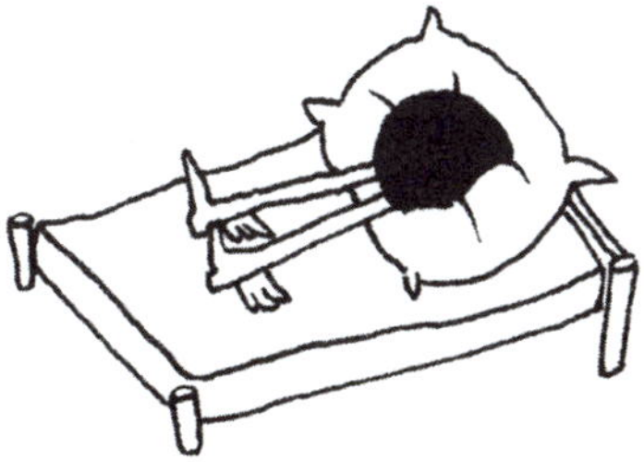

**Et comme toute bonne rétrogradation pose des questions...**

## ALLÔ MERCURE, IL ME DIT QUOI MON PETIT CŒUR ?

*Suis-je loyal·e et fidèl·e ? L'autre l'est-il·elle ?*

*Suis-je prêt·e à me marier, à me pacser, à former une union stable et engagée ?*

*Quel contrat tacite existe entre moi et mes parents, enfants, partenaires ou collègues ? Est-il juste ?*

## COACH YOYO

**Q**ui suis-je ? LA grande question que l'on se pose tous·tes à certains moments clés de notre vie ! Cette rétro te mettra au pied du mur pour la bonne cause et pour prendre le temps de réfléchir à cette question. D'autant plus qu'avec Vénus en Bélier tu pourras complètement repenser tes valeurs, tes liens aux autres, ton amour pour toi et tes proches.

### La clé de cette rétrogradation > Rebooster ses batteries

En termes d'énergie, ton plexus solaire, qui te permet de rayonner et d'assumer ton être complet, sera quelque peu malmené. Ton image est impactée, tu te se sens stoppé·e en pleine course, tu as envie de faire mais ça patauge, ce qui peut engendrer de la frustration. Ton mental mouline, le corps a envie de faire et les deux semblent ne plus se comprendre. La couleur de ce chakra est le jaune, solaire, lumineux, généreux. Va dehors et profite du printemps pour absorber ce soleil et booster ta confiance, kiffe ces moments rien que pour toi, assis·e sur un banc où les rayons du soleil caressent délicatement ton visage. Imagine-toi enveloppé·e de ces rayons qui circulent dans ton plexus solaire. Tu emmagasines force et courage pour passer cette rétro le plus sereinement possible. Ton sens de l'identité va aussi être questionné, le soleil et certaines pierres (voir plus loin) vont t'aider à passer le cap en te soutenant sans sombrer dans un puits de questions sans fin.
Pendant cette rétro, pense à te recharger en énergie constamment pour alimenter tout ton corps, ou plutôt tous tes corps : physique, mental, émotionnel, spirituel. C'est la saison du Bélier où la sève remonte pour que la vie reprenne et pour sentir l'étincelle primordiale renaître en toi.

Va dehors. Marche. Évite de courir dans tous les sens pour ne pas te blesser. Respire à fond l'air de la forêt. Va voir des expos inspirantes et ressourçantes. Jette ta télé par la fenêtre. Écoute *La Isla Bonita* de Madonna cent fois dans la journée. Fais des choses sans objectif, si ce n'est celui de te sentir bien dans tout ton être. Ton voisin te dérange ? Inutile de l'agresser, va faire du yoga dehors dans le parc sans penser au fait que les gens te jugeront, ce qu'ils feront toujours de toute façon.
Cette rétro te donnera du fil à retordre (mais qui utilise encore cette expression !) sur ta patience. Réapprends la patience, réapprends le fait de vivre chaque seconde l'une après l'autre, réapprends à regarder les aiguilles de ta montre bâtir une heure entière. Je te parlais de balades en forêt juste avant. Penses-tu que l'arbre se soucie de savoir si le printemps arrivera et si la sève remontera ? Non, il est suffisamment ancré et patient pour ne pas se soucier de ces trivialités. Inspire-toi de la nature et respire. Tout ira bien !

## Ta pierre > L'obsidienne œil céleste

Je te propose l'**obsidienne œil céleste** pour passer cette rétro. Tu en as sans doute entendu parler, elle est très connue pour parler de « protection » (mot fourre-tout qui a perdu son sens).

C'est une pierre de cohérence, d'alignement, d'introspection. Elle te met face à toi et aux vérités qui doivent sortir, elle peut faire remonter des blocages et tout ce qui est de trop. Utilise-la d'abord sur des temps courts pour faire le point et te questionner sur ton identité. Son utilisation en méditation est parfaite, en se plongeant en soi pour en faire ressortir connaissance et lumière. Tu peux poser une intention ou une question au départ de ta méditation. Ensuite seulement, essaie de la porter une journée entière. Si tu la trouves trop forte, accompagne-la d'une manganocalcite ou d'une rhodochrosite pour atténuer un peu son énergie. L'obsidienne œil céleste te permettra de mieux te connaître et de faire des choix en conscience. Le mur a beau être devant toi, il ne te fait plus peur, tu te connais et tu sais dans quelle direction avancer.

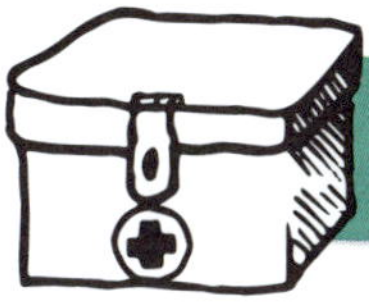

# TON KIT DE SURVIE

## Mercuroscope

*Les signes solaires, ascendants et lunaires les plus affectés seront les Béliers, les Lions et les Balances. Avec un coup de boost pour les Sagittaires, et de frein pour les Verseaux et les Gémeaux.*

**La rétro du Bélier :** Tu pourrais vouloir crier trop fort pour montrer et dire qui tu es. Comprends que tenter d'élever ta voix au-dessus de celle des autres est une attitude défensive très premier degré. Elle pourrait te mener au chaos relationnel. Coupe ton téléphone et essaie de garder ton calme !

RE-TAIS-TOI

**La rétro du Taureau :** Cette période sera vraisemblablement un moment difficile, car tu te sentiras ennuyé·e, énervé·e pour un rien. Cet agacement est renforcé par le fait que les autres pourraient essayer de se venger. Tu te sens sur la défensive et en alerte tout le temps. On pourrait te dire de changer de croyances ou d'idées. N'écoute personne et ne prends pas part aux conflits. Passe plus de temps seul·e, plutôt que mal accompagné·e !

RENFERME-TOI

**La rétro des Gémeaux :** Il y aura peut-être une ancienne relation, ou bien une histoire venant tout juste de se terminer que tu ne voudras pas laisser filer. Alors se posera une vraie question autour du lâcher-prise pour, enfin, avancer. Tu seras invité·e à te demander pourquoi tu n'arrives pas à tourner la page. Motive-toi et repousse tes limites, car il faudra être prêt·e à le faire !

### RELÂCHE PRISE

**La rétro du Cancer :** Tu ne récolteras le succès que si tu fais tout à ton propre rythme, pendant cette rétrogradation de Mercure. N'écoute pas les autres et leurs conseils ou critiques, ils seront mauvais et les choses que tu construirais sur leurs recommandations ne seraient pas solides. Il va falloir te faire confiance.

### RE-CROIS EN TOI

**La rétro du Lion :** La meilleure des choses à faire pendant cette rétro sera de ne pas les forcer, les choses. Mais à la place, de réfléchir à tes pensées intimes et intérieures, calmement. Tu pourrais comprendre que la solution à tes soucis est ailleurs. De la même façon, mélange-toi à des gens différents par leur parcours ou leur carrière, pour changer de perspective.

### RETOURNE VOIR AILLEURS

**La rétro de la Vierge :** Cette rétro pourra te rendre rigide, mais surtout te pousser à prendre de mauvaises décisions. Attention, celles dont tu n'as pas l'habitude ! Ce qui pourrait causer des complications imprévues. Tu es plutôt invité·e à laisser ces quelques semaines passer et à ne prendre aucune décision importante.

### REPOSE-TOI

**La rétro de la Balance :** Il va falloir penser avant de parler ! Car tu pourrais te sentir très ennuyé·e, énervé·e, voire agacé·e par tes émotions, surtout dans la vie de tous les jours. Évite de mettre des mots sur tes pensées négatives, et encore plus d'y croire. Change ta narration intérieure et tourne sept fois ta langue dans ta bouche avant de la raconter, car tes paroles pourraient causer des conflits.

### RECENSURE-TOI

**La rétro du Scorpion :** Ton environnement pourrait devenir sérieusement chaotique. Avec un certain nombre de freins et de ruptures dans ton harmonie quotidienne. Autant rester seul·e pour traverser ces vagues émotionnelles compliquées, alors essaie de ne pas trop socialiser et de passer plus de temps seul·e avec toi-même, en toute intimité.

### RECENTRE SUR TOI

**La rétro du Sagittaire :** Cette rétrogradation de Mercure pourrait te donner un grand pouvoir de révolte, une soif de rébellion, et quoi qu'il en soit une énergie très utile pour regagner ta liberté, sur tous les plans. Et tu sais quoi ? Tu auras l'autorisation d' y aller !

### REBELLE-TOI

**La rétro du Capricorne :** Personne ne te comprend et ne va te comprendre, même si tu t'expliques. Tu le sentiras venir dès le début de cette rétro comme une goutte d'eau qui fait déborder le vase de tes efforts de communication. Alors, ne force pas les choses ! Médite, calme-toi, centre-toi et tout ira bien, à la fin. Il suffira d'attendre.

### RECOMPRENDS-TOI

**La rétro du Verseau :** Cette rétrogradation de Mercure devrait bien se passer pour toi, voire t'aider grandement. Comment ? En te donnant foi et force pour progresser vers tes côtés les plus avant-gardistes et novateurs, puis, pour les appliquer dans les domaines du travail, de la carrière et du progrès. Tu auras beaucoup de chance avec tout ce qui est nouveau !

## REMISE SUR TOI

**La rétro des Poissons :** Cette rétrogradation de Mercure pourra te rendre quelque peu insensible, voire brutal·e, ce qui ne te ressemble guère, compassionnel·le Poissons. En conséquence, tes progrès seront lents, pénibles et très ennuyeux. Évite de répondre de façon blessante aux autres, ou de répandre des ragots désagréables, car ils pourraient avoir un impact qui perdure bien après la période, en boomerang.

## RADOUCIS-TOI

## 3 aides x 3 pierres

### CALME ET PRISE DE RECUL, GÉRER L'AGRESSIVITÉ

Une période intense comme celle-ci nécessite de prendre du recul sur soi-même, ses émotions, au risque de tout prendre pour soi et de littéralement péter un plomb. Sors ta plus belle **chrysocolle**, une superbe pierre vert-bleu et prépare-toi à respirer à fond. Tu connais sûrement cette sensation d'oppression dans la poitrine par anxiété ou accumulation de stress, eh bien la chrysocolle va t'aider à libérer tout ça et à envoyer valser tous les soucis loin derrière toi. Je l'appelle souvent la pierre "Hollywood fraîcheur de vivre" (*big up* si tu as connu cette pub des années 1990), car elle lui correspond parfaitement ! C'est une pierre d'harmonie pour prendre du recul sur ses émotions et ses tensions et pour favoriser plus de souplesse et d'adaptabilité dans ses échanges. En toute occasion, elle t'aidera à garder la tête froide plutôt que de vider une poubelle sur ton patron.

### REPOS, DOUCEUR, ESTIME DE SOI

Pour chérir ton plexus solaire, prends une **calcite miel**. Son nom est déjà à lui tout seul une évocation de son énergie. C'est un bonbon solaire pour nettoyer le plexus des tensions, stabiliser ses émotions (les calcites sont des pierres sédimentaires incroyables pour le calme et la stabilité en toute occasion) et retrouver tout doucement le chemin de la confiance que l'on pouvait avoir perdu. Cette rétro appuyant fort sur le bouton de notre sens de l'identité, la calcite miel sera alors un repère pour avancer vaillamment sans risque de désorientation. Elle va aussi booster ton estime de toi-même avec une meilleure connaissance des valeurs que tu portes et que tu souhaites montrer au monde.

En la portant, tu peux imaginer une boule de lumière jaune qui se forme au niveau du ventre et qui grandit tranquillement dans tout ton corps pour t'envelopper et te nourrir de joie. C'est une pierre douce, mais non moins efficace. Plus une pierre est douce, plus elle va débloquer tes énergies dans le respect de ton rythme, plutôt qu'une pierre forte qui pourrait te mettre à l'envers !

## SENTIMENT D'UNITÉ TROUVÉ DANS LA SOLITUDE

Si l'obsidienne œil céleste donne l'occasion d'aller explorer tes ombres et d'être parfaitement honnête avec toi-même, il existe une pierre assez rare qui te permettra d'expérimenter la solitude positive : la **sugilite**. Sa couleur violette avec des notes noires ouvre un chemin de quête intérieure dans une parfaite clarté d'esprit. Tes forces intérieures sont canalisées pour retrouver une solitude saine : celle qui permet de te retrouver entièrement et d'être fidèle à toi-même et par conséquent aux autres. La sugilite favorise l'élévation et la prise de conscience. Un temps de solitude pour mieux se retrouver, faire mûrir ses réflexions le temps d'une rétrogradation, mettre en retrait le mental super-star au profit de ses idéaux. Tu peux par exemple la prendre un dimanche matin quand tout est calme et que tu profites d'un moment de solitude, ou bien dans le rituel que l'on te propose juste après.

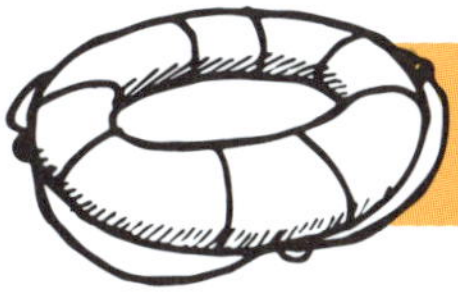

## TA BOUÉE DE SAUVETAGE

EXERCICE

### Tout oublier

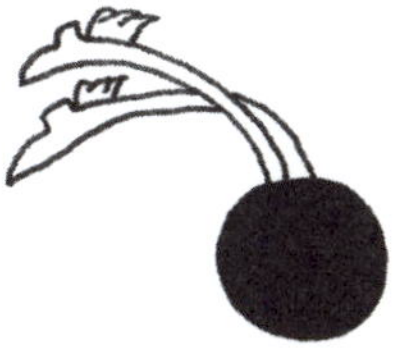

Prends une sugilite avec toi au moment de te coucher. Assis·e au bord du lit, imprègne-toi de ses énergies quelques instants au creux de tes mains, puis glisse-la sous ton oreiller. Elle peut faire remonter des souvenirs durant le sommeil, catalyser certaines mémoires qui apparaissent subitement et ré-invite parfois des versions de soi-même périmées.

Accueille cela au réveil sans intellectualiser outre mesure et note sur une feuille ce qui a pu se passer. Note tout sans te soucier de la forme, le plus important est que tu exprimes ce que tu as ressenti.

Froisse ensuite la feuille et jette-la loin en criant fort « J'oublie tout ! », puis débarrasse-toi en.

Prends ton petit-déjeuner sans excitant, mais avec une tisane.

Dilue ensuite une goutte d'huile essentielle de lavande aspic (vérifie la veille en appliquant une goutte sur ton poignet que tu ne sois pas allergique) avec une huile végétale pour masser ton plexus et étaler le travail énergétique qui est en train de se faire sur toute la journée.

DU 2 AU 25 AVRIL 2024

## Les DO et DON'T

### DO

*Double l'alarme de ton réveil-matin pour sortir du lit.*

*Passe plus de temps libre avec toi-même et seul·e.*

*Repousse le sport ou les compétitions et concours.*

*Reste loyal·e envers ton·ta partenaire.*

### DON'T

*Si tu te sens volage, rentre au bercail.*

*Ne te dévalorise pas.*

*N'écoute pas ton saboteur intérieur.*

*Ne porte pas de rouge.*

GUIDE DE SURVIE

# TA RÉTRO JOUR PAR JOUR

# AVRIL 2024

## 1er LUNDI

### PRÉ-SHADOW

**DU 19 MARS AU 1ER AVRIL 2024**

Fatigué·e·s par ces trois premiers mois de l'année du choix, nous nous énervons facilement et sommes impatient·e·s de faire et d'agir.

À notre façon seulement !

## 2 MARDI

### Station d'entrée

**DÉBUT DE LA REMISE EN QUESTION**

→ **DANS LE CIEL**
Pluton clashe Mercure et annonce la couleur...

... redéfinir nos identités !

## 3 MERCREDI

### L'émotionnel s'en mêle, l'émotionnel s'emmêle

→ **DANS LE CIEL**
La Lune rejoint Pluton pour embêter Mercure.

Prépare-toi à plonger dans tes mémoires.

→ **PIERRE DE SECOURS**
L'opale rose sera ton secours pour apaiser les tumultes émotionnels.

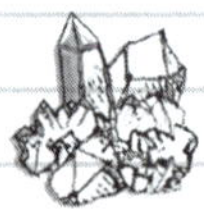

## 4 JEUDI

Ne fonce pas dans le mur, respire !

## 5 VENDREDI

Moi je

→ **DANS LE CIEL**
Le nœud nord serre le Soleil dans ses bras, tu as le droit d'être toi.

Fais-toi confiance !

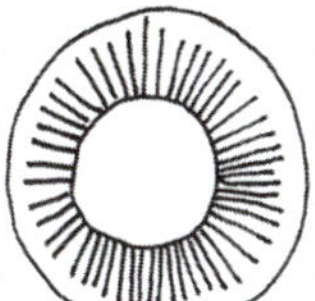

## 6 SAMEDI

L'argent te brûle les doigts : mollo sur les dépenses

## 7 DIMANCHE

DU 7 AU 16 AVRIL 2024
Le grand mur*

Recyclage des mémoires : on coupe tout

→ **DANS LE CIEL**
Saturne bloque Mars et notre action en Poissons.

*** Le grand mur :** Tout est comme bloqué dedans et dehors. Nous avons l'impression que des obstacles infranchissables, et souvent imaginaires, se dressent devant nous. Le cœur se verrouille, les portes se ferment et la lumière faiblit. Cette impression de blocage n'est que provisoire, n'essayons pas de passer en force !

# AVRIL 2024

## QUARTIER LIBRE !

**1er** LUNDI

**2** MARDI

**3** MERCREDI

## → À toi de jouer, d'écrire, de ressentir Mercure...

**4** JEUDI

**5** VENDREDI

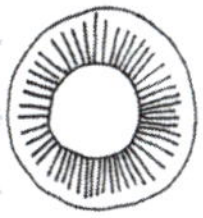

**6** SAMEDI

**7** DIMANCHE

## 8 LUNDI

DU 7 AU 16 AVRIL 2024

**Le grand mur***

→ **DANS LE CIEL**
Nouvelle lune en Bélier.

**Tout (se) pardonner**

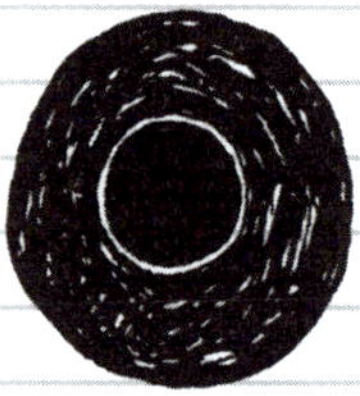

Une éclipse totale de soleil qui invite à l'introspection.

## 9 MARDI

DU 7 AU 16 AVRIL 2024

**Le grand mur***

**Compassion**

## 10 MERCREDI

DU 7 AU 16 AVRIL 2024

**Le grand mur***

**Même pas mal !**

→ **DANS LE CIEL**
Le Soleil aide Mercure à regarder ses blessures et active la résilience.

## 11 JEUDI

DU 7 AU 16 AVRIL 2024

**Le grand mur***

**Une brèche de lumière s'ouvre**

## 12 VENDREDI

DU 7 AU 16 AVRIL 2024

**Le grand mur***

**Cazimi**

→ **DANS LE CIEL**

Mercure se brûle au Soleil en Bélier.

Meilleur jour de la rétro ! Prise de conscience, clairvoyance, clairaudience, on comprend tout !

→ **PIERRE DE SECOURS**

Tu peux prendre un cristal de roche pour tout éclaircir. Et surtout, kiffe cette journée !

## 13 SAMEDI

DU 7 AU 16 AVRIL 2024

**Le grand mur***

**Aime ta terre**

C'est un moment de prise de conscience écologique.

## 14 DIMANCHE

DU 7 AU 16 AVRIL 2024

**Le grand mur***

**Même programme que la veille**

* **Le grand mur :** Tout est comme bloqué dedans et dehors. Nous avons l'impression que des obstacles infranchissables, et souvent imaginaires, se dressent devant nous. Le cœur se verrouille, les portes se ferment et la lumière faiblit. Cette impression de blocage n'est que provisoire, n'essayons pas de passer en force !

# QUARTIER LIBRE !

**8** LUNDI

**9** MARDI

**10** MERCREDI

**11** JEUDI

[redacted]

**12** VENDREDI

[redacted]

**13** SAMEDI

[redacted]

**14** DIMANCHE

[redacted]

## 15 LUNDI

DU 7 AU 16 AVRIL 2024

### Le grand mur*

### Code rouge

La vigilance est de mise. Ne fais pas ta tête brûlée.

## 16 MARDI

DU 7 AU 16 AVRIL 2024

### Le grand mur*

### Le monde a changé

Pas le choix, je dois évoluer ! Respecter ma planète, pardonner le passé, changer mes habitudes périmées.

**→ DANS LE CIEL**
La Lune en Lion immature se fait métamorphoser par Pluton en Verseau.

La chenille devient papillon.

**→ PIERRE DE SECOURS**
Utilise un jade violet pour accompagner cette étape évolutive.

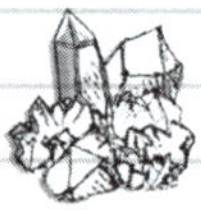

## 17 MERCREDI

### Mes valeurs de cœur

L'amour évolue aussi, défini de nouvelles façons d'aimer et de t'aimer.

## 18 JEUDI

Que du love

## 19 VENDREDI

Prise de conscience d'un sentiment affectif

Donne de la valeur.

## 20 SAMEDI

Éthique personnelle, fidélité à soi-même

**→ DANS LE CIEL**

La Lune noire examine la Lune en Vierge : es-tu capable de te regarder dans le miroir ?

## 21 DIMANCHE

Apaisement

*** Le grand mur :** Tout est comme bloqué dedans et dehors. Nous avons l'impression que des obstacles infranchissables, et souvent imaginaires, se dressent devant nous. Le cœur se verrouille, les portes se ferment et la lumière faiblit. Cette impression de blocage n'est que provisoire, n'essayons pas de passer en force !

# QUARTIER LIBRE !

**15** LUNDI

**16** MARDI

**17** MERCREDI

## 18 JEUDI

## 19 VENDREDI

## 20 SAMEDI

## 21 DIMANCHE

# AVRIL 2024

## 22 LUNDI

**Équilibre**

Et pourquoi pas
une détox ?

## 23 MARDI

**Avancer, oui, mais dans l'harmonie : sois juste.**

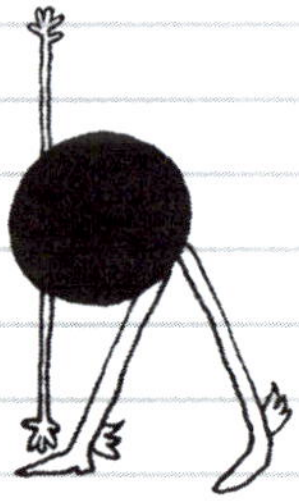

## 24 MERCREDI

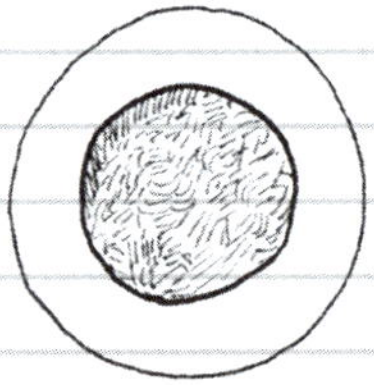

**Pleine lune en Scorpion : c'est intense**

**➜ DANS LE CIEL**

Pluton pousse au « shadow work », tu dois travailler sur tes ombres et tes peurs.

**➜ PIERRE DE SECOURS**

C'est le moment de travailler avec ton obsidienne œil céleste.

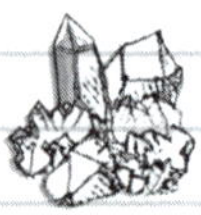

**25** JEUDI

**Station de sortie**

**→ DANS LE CIEL**
La rétrogradation est terminée. Mercure va dépasser son ombre.

Alors une porte s'ouvre...

**→ LEÇONS APPRISES**

- Tu as évolué
- Tu sais qui tu es
- Tu peux aimer

**26** VENDREDI

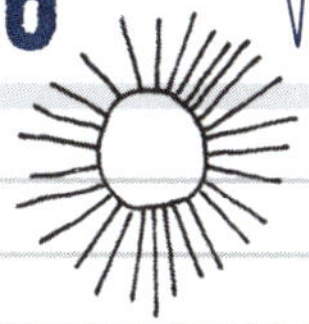

**27** SAMEDI

## POST-SHADOW

**DU 26 AVRIL AU 13 MAI 2024**

Dans une solitude et un retour à soi, tu retournes à ton corps pendant cette période de grande récupération physique et émotionnelle.

**Cette rétrogradation s'achève, bravo, tu l'as fait !**

**→ TON DOUDOU CRISTAL**
La chrysoprase pour te régénérer.

NCHE

# QUARTIER LIBRE !

**22** LUNDI

**23** MARDI

**24** MERCREDI

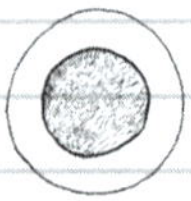

# → À toi de jouer, d'écrire, de ressentir Mercure...

## 25 JEUDI

## 26 VENDREDI

## 27 SAMEDI

## 28 DIMANCHE

DONNER
ET
RECEVOiR

GUIDE DE SURVIE

# DONNER ET RECEVOIR

**Donne-moi ton cœur bébé, ton corps bébé**

*Femme Like You* – K.Maro

PRÉ-SHADOW, L'OMBRE D'AVANT

**19/07/24 au 4/08/24 → Mercure navigue de Vierge en Lion**

**Mercure rétrograde**

# en Vierge et Lion

5 AOÛT 2024 → 29 AOÛT 2024

POST-SHADOW, L'OMBRE D'APRÈS

**30/08/24 au 11/09/24 → en Vierge puis Lion**

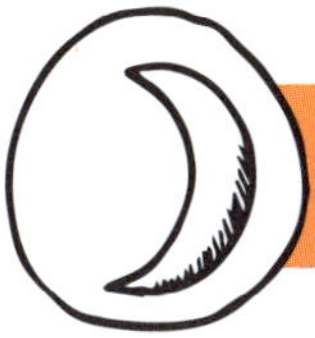

# COACH ZAZA

La double rétro de l'été, Mercure sait te gâter ! En naviguant entre deux énergies, féminine et masculine, la petite planète du mental qui ne tourne pas rond viendra te faire expérimenter toutes tes facettes, donc toutes tes polarités.

Tour à tour émissif·ve ou réceptif·ve, actif·ve ou passif·ve, homme, femme ou plus si affinités, on va apprendre à donner et à recevoir. À traverser ces deux énergies fondatrices et complémentaires. Celle qui va vers l'extérieur en Lion, et vers l'intérieur en Vierge. Et puis celle qui cherche à les harmoniser, Mercure la messagère. Toujours là quand il s'agit de faire mieux penser ses principes de réalité.

Que tu sois garçon ou fille, cis ou non genré, cette rétro vient questionner ton identité.

Mais surtout le rapport au corps, qui tour à tour donne trop ou reçoit trop.

Double rétro n'est pas double peine, mais double façon de se réunir. En complétude.

De réunir aussi deux énergies, elles bien temporelles ! L'été qui bat son plein puis s'achève, la rentrée qui demande de se remobiliser pour bien l'enclencher.

Entre les deux ? Les pensées qui déraillent et les imprimantes en perdition.

Dois-je parler des retours de vacances qui pourraient être un peu compliqués si on prend le train ou l'avion ? Écoute, avec Mercure on n'est jamais trop prudent·e, alors vérifie trois fois ta porte d'embarquement.

## DUALITÉ

Qui dit deux énergies, dit deux philosophies.
Celle du Lion et celle de la Vierge, vibrées pour nous tous·tes.

Mercure, en déréglant à la fois le sens pratique et concret de la Vierge et le cœur du Lion, pourra complètement chambouler nos routines, même si l'été aidant on ne le sentira pas passer, au début...
L'essentiel du chaos mercurien va donc toucher les deux domaines : professionnel et scolaire, organisation de rentrée avec la Vierge, puis personnel autour du cœur et de tous les plaisirs d'été avec le Lion. Et dans les deux cas, celui de la créativité.
De créer sa vie, ou ce à quoi on voudrait qu'elle ressemble.
On pourrait alors ne plus être capable de se présenter, de bien se présenter, notamment pour un job et un entretien d'embauche. Avec les mêmes retenues pour une rencontre affective.
La couleur bleue fera beaucoup de bien, s'habiller en bleu par exemple.
Car avec la double vibration Lion/Vierge, l'apparence physique sera sujette à beaucoup d'autocritique et de jugement. L'impression d'être moche ou terne, non lumineux·se, pas beau, pas belle, pas aimable, pas désirable.

C'est que cette rétro met un gros coup à la confiance, momentanément tu l'as bien compris, afin de s'aider à s'aimer encore plus fort !
Et s'il y a bien une reculade de Mercure qui fera passer ses pilules parfois dures à avaler, c'est celle-ci.
À commencer par les communications qui seront sérieusement chahutées. On ne saura plus parler de soi, se définir, se mettre en avant.
Derrière ces dysfonctionnements, qui toucheront aussi les moyens d'échanger par les voies numériques et électroniques et par les voies terrestres, transports, ordinateurs, téléphones, se cache une leçon autour de la culpabilité.

## CULPABILITÉ

Culpabilité de ne plus avoir envie de gérer ses routines et quotidiens, ses habitudes, sa vie de tous les jours, qui, entendons-nous bien, feront n'importe quoi.
Culpabilité de vouloir rester en vacances au soleil, dans une énergie Lion débridée et très auto-indulgente, se permettant tous les excès. Du corps et du cœur. Du plaisir et du jeu.
Culpabilité de trop boire, trop fêter, trop manger, trop faire l'amour.
D'un ego en roue libre début août, avec des explosions parfois démesurées, ou au contraire d'un auto-sabotage tout aussi énorme en fin de mois, avec son lot d'auto-dépréciation, d'auto-jugement et de « je n'y arriverai décidément pas ». « Je ne parviendrai pas à supporter ces conflits, possibles au travail ou dans ma vie sociale. »
« Je n'arriverai pas à me montrer sous mon meilleur jour. »
« Je n'arriverai pas à ne pas me sacrifier, tellement persuadé·e que je ne vaux pas grand-chose. Ou que ça me privera de ma liberté. »

Il va falloir s'assurer de survivre à l'énergie Vierge, et dans la matière aussi, de triplement vérifier ses rendus et travaux, ses dossiers, ses e-mails, ses profils de réseaux sociaux, ses envois. Car les chances d'erreurs sont très, très élevées.
Erreurs dehors et erreurs sur soi-même, à autant se dévaloriser.

La patience sera une grande aide pour collaborer avec ces énergies doubles, entre masculinité créatrice et féminité compensatrice. Entre je fais tout, vers l'extérieur, sans réfléchir, et je discerne tout, dans mon intérieur, en réfléchissant parfois trop.
Une patience avec soi-même et deux essentiels pour s'auto-harmoniser : l'exercice physique et le soin à soi.
Car après tout, c'est ce que la Vierge fait : discerner le lien entre corps physique et corps psychique, les observer, les compartimenter. Chacun à sa place et on, au milieu, devient équilibré·e. Bien rangé·e !
Comme une remise en santé, après un été qui aurait pu être de tous les excès.

## SANTÉ

Sortir couvert·e maintenant que l'on s'est découvert·e serait un slogan mercurien très à propos pour cette rétro. D'ailleurs, s'il te plaît, n'oublie vraiment pas de te protéger, émotionnellement et mentalement, mais aussi pendant tes nuits survoltées.
La sexualité est une autre thématique que l'on sera amené·e à explorer par le prisme du mental, de ses principes et de ses idées.
Et les problématiques en ce sens pourront apparaître, avec des enjeux spécifiques sur les deux polarités, féminine et masculine.

Un masculin (et rappelle-toi bien que l'on porte tous en soi les deux énergies), créateur, qui sur-donne de sa personne. Physiquement le plus souvent.
Un féminin fertile, qui sur-reçoit. Psychologiquement le plus souvent.
Des questionnements autour de nos fertilités pourraient sûrement venir à l'esprit, travaillant symboliquement cette lumière que la Vierge reçoit pour être fécondée et former de la matière, ou un bébé !

C'est comme si la dispersion énergétique et physique de l'été devait se canaliser, et toutes les routines santé, détox et bien-être seront grandement bienvenues.
En plus, cela te soulagera sur la culpabilité, de t'être, peut-être, trop fait plaisir.
Un équilibre est à trouver.
Quinze jours où on ne fait que donner, et quinze autres où l'on reçoit.
Cette harmonisation du yin et du yang, du féminin Vierge et du masculin Lion, vient surtout, par le plan mental qui pense, poser des liens nouveaux entre le cœur et l'ego. Et forcément, on parlera d'amour.

## AMOUR

De tout ce que l'on donne, ou a donné et de tout ce qu'on reçoit.
De sa santé d'abord, physique ou psychique, puis émotionnelle.
En se protégeant, comme la rétro le demande, et en craignant d'avoir trop ou pas assez fait, comme elle le sous-entend, on viendra challenger ses mécaniques relationnelles. Sexuelles dans un premier temps, puis de lien affectif, qu'on soit en couple, en amitié et même au bureau.
Un environnement de travail qui promet d'être très, très bousculé dans ses outils, pour justement échanger et s'harmoniser à l'autre.

Donner ou recevoir, envoyer ou accuser réception d'un e-mail, même combat ! Toutes les relations, qu'elles soient virtuelles ou en face à face, risqueront d'être animées de quiproquos et autres bugs de langage. La patience sera plus que jamais de mise pendant cette rétro qui tient à réveiller sa capacité de compartimenter, ses anxiétés, ses liens, mais aussi ses structures. Pour mieux (s')aimer.

Un retour à l'ordre un peu raide mais bien nécessaire, à grands coups de gestes barrières. Bouger aidera, surveiller ses négligences, se remettre en santé, pour finalement s'individuer.
Ne faire qu'un entre l'été et l'automne qui arrive bientôt, entre ses polarités, entre ses extériorités et intimités, entre soi et l'autre.

**Entre ses ego, ses cœurs et tous ses petits chaos.**
**Mais à la fin, qu'est-ce que nous serons beaux ! Vérifié·e·s, réunifié·e·s et prêt·e·s pour la rentrée !**

**Et comme toute bonne rétrogradation pose des questions…**

ALLÔ MERCURE, IL ME DIT QUOI MON PETIT CŒUR ?

*Suis-je prêt·e à ouvrir grand mon cœur ?*

*Est-ce le grand amour ?*

*Quels liens existent entre ma vie sexuelle et ma vie émotionnelle ?*

# COACH YOYO

Ton corps est ton temple sacré. C'est ton véhicule sur cette terre et tu en es responsable. L'été de tous les excès va te permettre de tester tout un tas de choses qui te paraissaient autrefois réservées aux autres. Si je t'encouragerai toujours à innover et à dépasser tes craintes, pense à te respecter, à respecter ton enveloppe, tes limites et celles des autres, dans le corps, la matière, mais aussi à travers la parole et les échanges d'âme à âme. Ça tombe bien, l'énergie Vierge invite à ce respect de soi et de son corps, à le placer dans le top 3 de tes priorités.
On peut faire le lien avec le chakra sacré, situé au niveau du pubis. Il gère la distribution de l'énergie vitale dans le corps, ton intimité, tes émotions à travers le corps ainsi que la joie d'être, de créer, de tisser des liens avec les autres. En excès, il peut te mener à une débauche de plaisir. Au contraire, des expériences traumatisantes peuvent enrayer sa bonne circulation énergétique. Je t'invite durant toute cette rétro à être à l'écoute de ton corps, de ses besoins, de ses limites. Tu seras vite tenté·e par plein de stimulations extérieures, alors demande-toi toujours avant de te lancer : « Est-ce que j'ai besoin de ça ? Qu'est-ce que cette expérience peut m'apporter ? » Trouve une juste écoute de toi et de ton corps pour trouver un équilibre. Comme je sais que tu ne m'écouteras pas, du moins pas au début de cette rétro, profite de cette période de faste et de déboires pour mieux te connaître avant de lire scrupuleusement la suite de mes conseils !

## La clé de cette rétrogradation > L'équilibre et la justesse

À toi de trouver un équilibre entre les plaisirs de l'été et les obligations de la rentrée auxquelles personne ne peut échapper (sauf si tu as une astuce, auquel cas je suis preneur). Tu peux commencer, par exemple, à bien délimiter tes activités pour ne pas tout mélanger. C'est le moment de faire des to-do lists (oui, je sais, c'est très cliché sur l'énergie Vierge, mais ça fonctionne) et de t'y tenir. Il y aura aussi un équilibre à trouver dans le « donner et recevoir » au niveau du chakra du cœur et sur le plan mental. Je t'en parlerai ci-dessous dans les aides conseils avec les pierres appropriées.
Si tu sens que ton estime en prend un coup, pense à relire les conseils que je t'ai donnés lors de la précédente rétro. Tu peux tout à fait choisir une pierre adaptée ou t'habiller avec du jaune si tu penses que cela peut t'aider à passer le cap.

## Ta pierre > L'opale dendritique

L'**opale dendritique** est une pierre que je te recommande lors de cette rétro estivale. Une magnifique pierre blanche avec de belles inclusions. Elle va t'aider à détendre le corps et l'esprit et à les mettre en lien, ce qui pourrait bien te faire défaut début août...

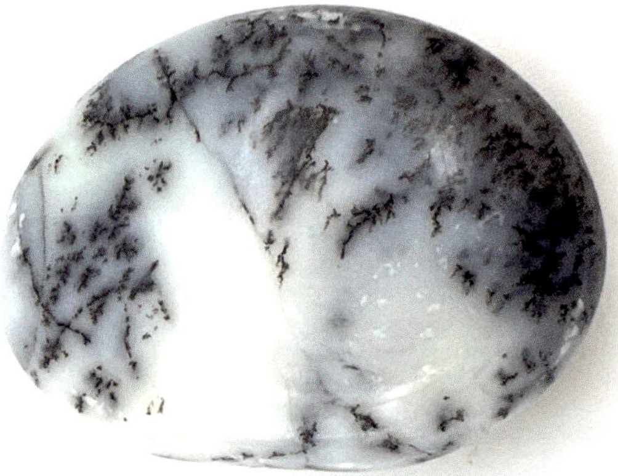

Pas de gros bouleversements avec cette pierre, simplement une mise en circulation des énergies dans tout ton corps. Sa teneur en eau fait également circuler tes émotions pour qu'elles deviennent de précieuses conseillères. Dans le même temps, elle peut faire redescendre la pression et les idées si tu es du genre à anticiper avec angoisse le moment d'aller dans un supermarché pour faire les courses de rentrée scolaire, par exemple. Enfants ou pas enfants, tu auras remarqué que c'est à ce moment-là que les impôts décident de nous envoyer leur calcul définitif, merci pour ce timing divin... Cette pierre qui apporte légèreté et bien-être n'aime pas trop le soleil fort, attention donc quand tu la portes. J'en profite pour te dire de faire attention à tes pierres et bijoux l'été car l'eau salée, la transpiration et le soleil risquent de les abîmer, à toi de bien t'organiser !

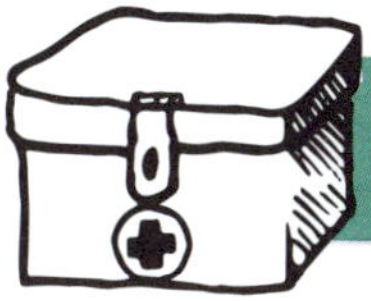

# TON KIT DE SURVIE

## Mercuroscope

*Les signes solaires, ascendants et lunaires les plus affectés seront les Lions, les Vierges et les Capricornes. Avec encore plus de quiproquos pour les Verseaux et les Poissons.*

**La rétro du Bélier :** Cette rétro de Mercure va ralentir fortement tes objectifs et tes accords professionnels. Tes partenaires ou clients pourraient mettre beaucoup de temps à donner un accord ou te payer. Au lieu de précipiter les choses, tu seras invité·e à bien lire et analyser les contrats et documents pour éviter les arnaques.

RELIS-TOI

**La rétro du Taureau :** Cette rétro de Mercure pourrait être excellente pour ta vie amoureuse car elle te met en connexion avec les gens et les relations que tu mérites. Enfin ! Pourtant, si tu te sens agité·e plus que de raison à leur contact, tu seras invité·e à écouter ton instinct et à fuir.

RECONNECTE-TOI

**La rétro des Gémeaux :** Ta vie professionnelle pourrait sortir de toutes proportions, pour le meilleur ou pour le pire ! Aucun contrôle et roue libre, ou grosse fainéantise et envie de tout quitter, de tout éviter. Il va falloir te ressaisir et te concentrer sur tes objectifs à long terme.

REFOCUS-TOI

**La rétro du Cancer :** Cette rétro pourrait te donner des sentiments et impressions de vide et un vrai manque de confiance envers les autres. Te sentir distant·e de ton amoureux·euse. Mercure va te proposer de laisser tes émotions et pensées négatives s'exprimer, mais sous contrôle. C'est l'amour de toi qui est la clé.

REMPLIS-TOI

**La rétro du Lion :** Cette fois, tu auras de l'énergie pour quelque chose de nouveau, une rétro pour faire du neuf ! Mais tu devras le planifier avec beaucoup plus de précautions et de prudence qu'à l'accoutumée. Mercure t'invite à te soucier de ne pas être trompé·e, floué·e dans l'aventure !

RE-SÉCURISE-TOI

**La rétro de la Vierge :** Cette rétro sera le moment de trouver des conclusions avec un ex ou une relation passée. Mercure et la période pourront raviver beaucoup d'anciennes mémoires et connexions. Au lieu de retomber dans ce désespoir, tu es invité·e à éteindre les vieilles flammes, pour de bon !

RELIBÈRE-TOI

**La rétro de la Balance :** Tu vas sûrement perdre ton téléphone ou tes AirPods pendant cette rétro de Mercure, ton ordinateur et tout ce qui te connecte. Alors, ne panique pas de cette coupure momentanée de signal aux autres, l'aventure peut t'emmener dans des espaces nouveaux et étranges pour retrouver tes objets ou tes liens. Les rencontrer différemment.

RETROUVE-TOI

**La rétro du Scorpion :** Cette rétro de Mercure sera monotone et un peu ennuyeuse pour toi, avec pas mal d'ennuis à la clé. Tu pourrais ne pas trouver l'énergie pour sortir, rencontrer de potentiels partenaires ou même travailler. Une grosse flemme voudra s'installer. Essaie de la dépasser.

### RÉCUPÈRE-TOI

**La rétro du Sagittaire :** Cette rétro de Mercure pourrait sérieusement affecter ta vie amoureuse. Et tous les efforts que tu mettras dans le secteur de tes relations pourraient tomber à l'eau ou ne pas porter leurs fruits. Tu seras alors convié·e à recommencer comme au premier jour.

### RE-SÉDUIS

**La rétro du Capricorne :** Mercure est de ton côté ! Elle favorisera tes progrès, tes idées et tes évolutions en général. Tu seras capable de lancer ce que tu veux et avec brio. Un bémol cependant sur un flirt amoureux que tu poursuis depuis longtemps. Reste patient·e, tu l'auras avec le temps !

### RENFORCE

**La rétro du Verseau :** Tu pourrais saisir beaucoup d'opportunités dans des plans très variés pendant cette rétro de Mercure. Grâce à ton charme et à ta séduction, au taquet. Mais surtout, grâce à une certaine dose de manipulation ! Attention quand même à ne pas trop parier sur tes désirs, car tu pourrais perdre. Joue la sécurité.

### REDESCENDS

**La rétro des Poissons :** Tu pourrais ressentir des émotions inhabituelles de paranoïa ou même être surveillé·e par un·e admirateur·trice en ligne. Sentir des présences autour de toi. Pourtant, il n'y aura pas lieu de t'inquiéter, ça ne sera qu'une impression ! Elle est là pour t'inviter à sortir plus de chez toi. Pourquoi pas au spa ou au yoga ?

### RESSORS

## 3 aides x 3 pierres

*(Bon, en vrai, un peu plus pour cette rétro !)*

### STRUCTURE ET RETOUR À L'ORDRE

La dispersion pourrait bien être ce qui va te jouer des tours en ce début août. Alors oui, c'est les vacances, il fait beau et même si tu es au travail, on sait tous·tes que l'on a la tête ailleurs et surtout sur Instagram en train de regarder ce que font les copains et les copines.

La **sodalite**, avec son joli bleu profond (à ne pas confondre avec le lapis-lazuli), sera là pour te poser dans le temps présent, pour équilibrer ton chakra du 3e œil sur l'avant et l'arrière, c'est-à-dire entre le mental et l'intuition, entre la raison et l'envie de faire n'importe quoi. C'est une pierre très courante en lithothérapie, que l'on recommande aussi pour mieux se concentrer sur ce qui importe. Le sens des réalités qu'elle apporte sera la clé pour ne pas partir en roue libre et ne jamais te voir revenir d'Ibiza. Si tu sens que tu es sur le point de partir en vrille et qu'une partie de toi sait que ce n'est pas le bon chemin, prends la sodalite avec toi et laisse son énergie s'installer dans tout ton corps quelques instants. Elle va clarifier tes idées, tes besoins et te focalisera sur l'instant présent. C'est aussi une pierre pour préserver ses convictions et pour cela, je l'aime beaucoup.

## CŒUR-EGO

Si nous avons appelé cette rétro « donner et recevoir », ce n'est pas pour rien ! Eh oui, l'énergie Lion te donnera envie de donner énormément d'amour et de bonnes intentions autour de toi en surfant sur la vague de générosité typique du Lion. L'énergie Vierge est la spécialiste du recevoir et du sens du devoir. Un équilibre s'impose ! Bon, tu me diras, parfois les excès, ça a du bon, alors disons que tu peux te lâcher... modérément ! Garde une conscience dans tes valeurs de cœur. Apprends à donner et à recevoir de l'amour de manière équilibrée dans le chakra du cœur. J'observe souvent un chakra du cœur très ouvert sur l'avant, dans le don exagéré de sa personne et de tout faire pour les autres sans penser à soi. On le retrouve souvent chez les femmes, résultat d'une injonction patriarcale de dévotion exagérée. On le nomme aussi « syndrome de l'infirmière ». Il est temps de recevoir de l'amour des autres, d'accepter les aides et les compliments, de penser à soi sans honte. C'est dans cet équilibre que l'amour pur peut se développer.

La **fuschite-rubis**, verte et rouge, va venir équilibrer ce chakra du cœur avec une juste ouverture aux autres. Le feu de la passion du rubis est équilibré par le vert tendre de la fuschite qui apprend la sagesse émotionnelle. C'est aussi une pierre pour panser ses blessures émotionnelles en toute tranquillité. Elle peut aiguiller vers un renouveau amoureux ou affectif dans la sagesse et la confiance des expériences passées. Si tu sens un ego-trip pointer le bout de son nez, prends un temps calme avec elle et laisse sa douceur t'enseigner l'art de la juste mesure.

## L'OPALE DE FEU POUR UNE TRANSITION *ON FIRE* !

L'été ne touche pas encore à sa fin, mais les astres nous invitent, à environ la moitié de cette rétro, à plus de discipline et d'examen de conscience. L'**opale de feu** peut te servir de support pour continuer à t'enflammer sur la piste de danse et à impressionner tes ami·e·s tout en étant dans une écoute attentive de ton corps et de ce qu'il te réclame. Un coup de blues en pensant à la rentrée ? Opale de feu. Besoin de prendre soin de toi et de ton énergie vitale ? Opale de feu. Envie de prolonger l'été ? Un verre de sangria.

## METTRE UN POST-IT

Si tu n'es pas une reine ou un roi de l'organisation, un bon vieux post-it va t'aider à te remettre vers le chemin de la rentrée. Tu fais peut-être partie de ces gens qui, comme moi, ne comprennent rien aux nouvelles applis *on line* d'agenda et d'organisation qui demandent un master en ingénierie civile. La **fluorite** est une de ces pierres courantes mais que j'adore pour le calme et l'organisation qu'elle apporte. Composée à moitié de calcium pour détendre le corps et l'esprit et à moitié de fluor pour la gestion, la fluorite sera ton alliée de la rentrée. Clairement, elle convient autant à toi qu'à tes enfants ou à ton patron. On devrait tous·tes en avoir une dans sa petite trousse de lithothérapie. Elle va t'aider à installer de nouvelles routines et de nouveaux objectifs dans le respect de ton corps et de ses besoins. Je te la conseille particulièrement sur la fin de la rétro. Tu peux trouver la fluorite de plusieurs couleurs. La plus adaptée sera la fluorite multicolore, mais ce n'est pas une obligation. Si tu as déjà une fluorite rose ou verte, cela fera parfaitement l'affaire !

## BIEN-ÊTRE ET BIEN-DEVENIR

Connais-tu la **pierre de lune brune** ? C'est une variété foncée de la pierre de lune blanche (à ne pas confondre avec la labradorite blanche, ce qui est le cas dans plus de 95 % des boutiques). Son énergie est très suave et enveloppante, pour reprendre contact avec ton corps ou pour tout simplement apprendre à mieux le connaître. Elle sera ta compagne pour en faire ton temple sacré, pour préserver ton intimité. La pierre de lune brune te met dans une écoute profonde et sincère de toi-même. Prendre soin de soi prend alors tout son sens. Tu peux compter sur elle pour entamer une détox ou te reprendre en main vers la fin de cette rétro estivale. De plus, la pierre de lune brune, en favorisant le respect et l'écoute du corps, va t'aider à mieux saisir ce qui se dit entre les lignes, à développer ta sensibilité, voire tes aptitudes psychiques. Quoi de mieux pour démarrer la rentrée et l'approche de l'automne ? Porte-la dans ta poche, en bracelet ou en pendentif toute la journée si tu le souhaites. Tu peux la porter la nuit pour favoriser rêves et visions, mais elle peut aussi te fatiguer ; écoute tes ressentis et fais-toi confiance.

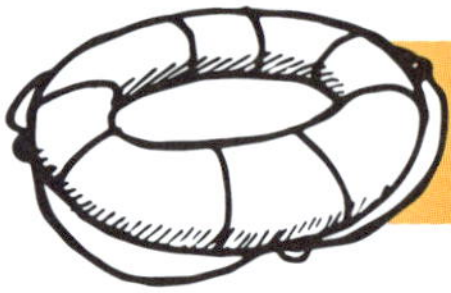

# TA BOUÉE DE SAUVETAGE

EXERCICE

## Une rentrée le cœur léger

Prends un moment pour toi, à l'écart du bruit et de l'agitation. Trouve un endroit que tu aimes et prépare-toi comme tu le souhaites, avec des bougies, des encens ou de la musique, tout ce que tu kiffes et qui te correspond.

Installe-toi confortablement, assis·e le dos droit pour maintenir ta vigilance (nous savons tous·tes qu'allongé·e·s, on s'endort en 30 secondes).

Dans une main tu portes une opale dendritique (idéalement, si c'est une autre pierre tout ira bien), et dans l'autre un objet en forme de cœur que tu adores (ou que tu peux découper).

Tes yeux sont ouverts ou fermés, comme tu le souhaites. Tu imagines les énergies circuler dans tout ton corps, des mains au sommet du crâne puis jusque dans les pieds. L'énergie se concentre ensuite dans le cœur et tu l'entends battre distinctement. À chaque battement l'énergie s'harmonise dans ton chakra du cœur et dans tout ton corps. Une lumière blanche se répand partout en toi et t'apporte l'équilibre dont tu as besoin pour une rentrée énergétique optimale. Tout ton cœur devient léger et apaisé. Prends tout ton temps.

Reviens ensuite dans l'instant présent en te remerciant, ainsi que la pierre, pour ce moment.

Note dans un cahier, si tu en ressens le besoin, tout ce que tu souhaites : engagements envers toi-même ou objectifs clarifiés par la méditation.

DU 5 AU 29 AOÛT 2024

## Les DO et DON'T

### DO

*Pratique la patience.*

*Porte du bleu.*

*Surveille ta communication.*

*Gestes barrières, préservatifs et vitamines !*

*Fais de l'exercice, couche-toi tôt, fais des rituels.*

*Double ou triple checke tout !*

### DON'T

*Attention à la flemme !*

*Ne cède pas à l'auto-indulgence.*

*N'entre pas en conflits physiques et verbaux au travail.*

*N'oublie pas les petites clauses des contrats.*

*Ne te néglige pas.*

GUIDE DE SURVIE

# TA RÉTRO JOUR PAR JOUR

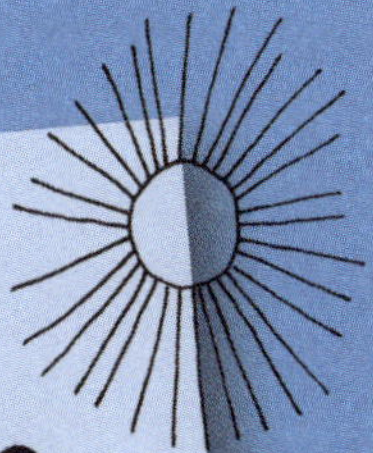

## PRÉ-SHADOW

**DU 19 JUILLET AU 4 AOÛT 2024**

Cet été nous laisse un peu inquiet·ète·s avec une grande envie de procrastiner et de faire des excès en tout genre. Très indulgent·e·s, voire trop, envers nos mauvaises habitudes passées, elles nous rendent imprudent·e·s et laxistes. Presque sans limites. Nous aurons besoin de garde-fous, une dumortiérite nous aidera à conserver notre sang-froid et à prendre du recul.

## 5 LUNDI

### Station d'entrée

**ON PERD "LE FOCUS", LA CONCENTRATION**

→ **DANS LE CIEL**
Jupiter amplifie la dispersion mentale de Mercure.

On a tendance à partir dans tous les sens.

## 6 MARDI

### Protège-toi !

L'énergie amoureuse est très volatile, tu papillonnes, mais pense à sortir couvert.

→ **DANS LE CIEL**
Notre tête Mercure touche notre cœur Vénus et titille notre corps Mars.

## 7 MERCREDI

### Pour un flirt avec toi

Embrasse qui tu veux, mais reste prudent.

## 8 JEUDI

### Cœur d'artichaut

## 9 VENDREDI

### Libère-toi !

Tu as envie de faire
des folies de ton corps,
d'accord !

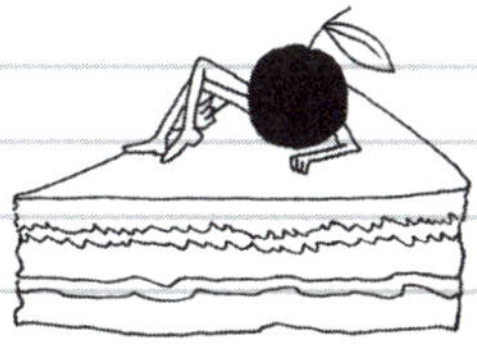

## 10 SAMEDI

### Be careful, n'exagère pas !

Tu es à la recherche
de plaisir avant tout,
attention à la
démesure !

Par exemple,
ne prends pas le volant
si tu as trop bu...

## 11 DIMANCHE

### Mollo sur les déclarations enflammées !

→ **DANS LE CIEL**
Tu as toujours
envie de t'amuser,
mais Saturne vient
canaliser le Soleil
en Lion.

# QUARTIER LIBRE !

## 5 LUNDI

## 6 MARDI

## 7 MERCREDI

## → À toi de jouer, d'écrire, de ressentir Mercure...

**8** JEUDI

**9** VENDREDI

**10** SAMEDI

**11** DIMANCHE

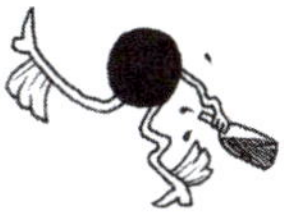

# AOÛT 2024

## 12 LUNDI

**Journée prise de tête**

**→ DANS LE CIEL**
Pluton et Neptune font la leçon à Mercure: la culpabilité arrive.

Coupe ton téléphone, tu pourrais regretter ce texto...

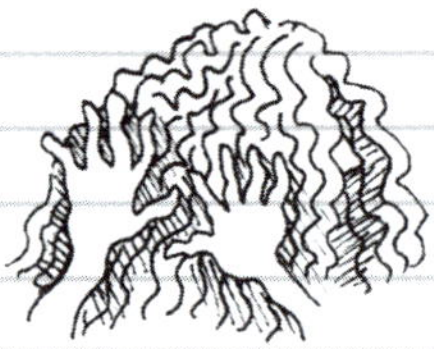

## 13 MARDI

**Oups ! I did it again**

Et si je m'enfuyais sans laisser mon 06...

## 14 MERCREDI

**Impossible de faire un choix**

Même à la plage, pense à l'ancrage.

**→ PIERRE CONSEILLÉE**
Pour t'aider: septaria ou stromatolite.

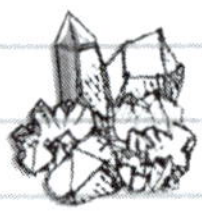

## 15 JEUDI

**Respecte-toi et respecte les autres**

L'énergie féminine redescend sur Terre un peu durement, tu sais ce qu'on dit : trop bonne, trop c..., n'oublie pas de respecter les autres.

## 16 VENDREDI

**Examen de conscience**

→ **DANS LE CIEL**
Pluton et Neptune vérifie Mercure qui entre en Lion.

Retour de bâton possible à la suite de mauvaises décisions.

## 17 SAMEDI

**Recadre-toi**

## 18 DIMANCHE

**Cazimi***

→ **DANS LE CIEL**
Mercure se brûle au Soleil en Lion.

Meilleur jour de la rétro !

* **Cazimi :** prise de conscience, clairvoyance, clairaudience, on comprend tout ! Tu peux prendre un cristal de roche pour tout éclaircir. Et surtout, kiffe cette journée ! Avec l'astéroïde Vesta de la partie, écoute ton féminin sacré qui veut recevoir.

# QUARTIER LIBRE !

| 12 LUNDI | 13 MARDI | 14 MERCREDI |
| --- | --- | --- |

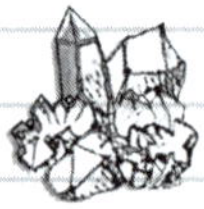

# → À toi de jouer, d'écrire, de ressentir Mercure...

**15** JEUDI

**16** VENDREDI

**17** SAMEDI

**18** DIMANCHE

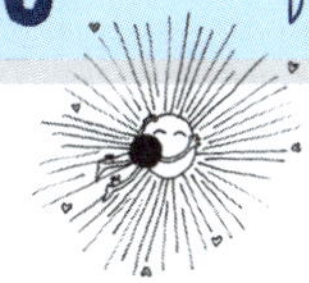

# Août 2024

## 19 Lundi

**Pleine lune en Verseau : grandis !**

➔ **DANS LE CIEL**
La pleine lune en Verseau qui touche Mercure te demande d'être plus mature.

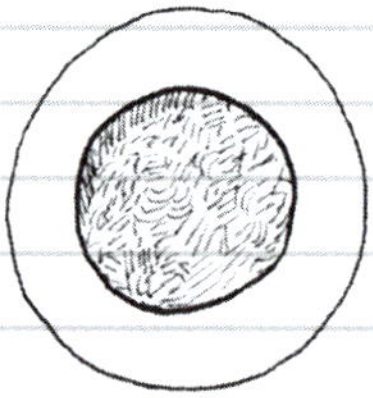

Respecte-toi, respecte les autres. Équilibre le « donner et recevoir ».

## 20 Mardi

**L'empathie te gagne et c'est très beau !**

➔ **DANS LE CIEL**
Vesta touche le Soleil et te reconnecte au sacré et à toute ta dimension spirituelle.

Tu es un réceptacle de lumière.

## 21 Mercredi

**Y'a de la joie !**

## 22 JEUDI

### Tu te mets au vert

**→ DANS LE CIEL**
Après l'exploration des plaisirs, le Soleil entre en Vierge pour t'inviter à rétablir des routines plus saines.

## 23 VENDREDI

### Reprends de bonnes habitudes

C'est le moment de faire des bilans de santé, de commencer une détox ou de t'inscrire à la salle de sport.

## 24 SAMEDI

### Retour sur Terre exigé !

Les planètes te poussent à prendre soin de toi et tu t'entêtes à te foutre de tout... reviens sur Terre, s'il te plaît.

Prends une agate dendritique pour relier le corps et l'esprit.

## 25 DIMANCHE

### Écoute ton enfant intérieur

Il est activé, mais il ne pense pas qu'à faire l'enfant, il a aussi ses bons côtés.

**→ DANS LE CIEL**
Jupiter en Gémeaux stimule Mercure. La vie est un jeu.

AOÛT 2024

# QUARTIER LIBRE !

**19** LUNDI

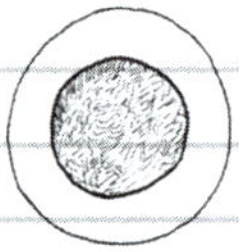

**20** MARDI

**21** MERCREDI

## → À toi de jouer, d'écrire, de ressentir Mercure...

**22** JEUDI

**23** VENDREDI

**24** SAMEDI

**25** DIMANCHE

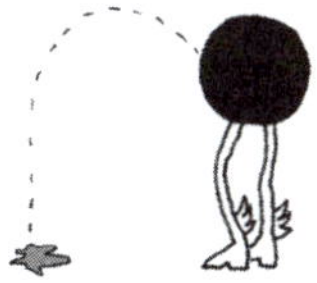

## 26 LUNDI

**Exprime ce que tu as sur le cœur**

Tu communiques bien, c'est une bonne journée pour faire passer des messages.

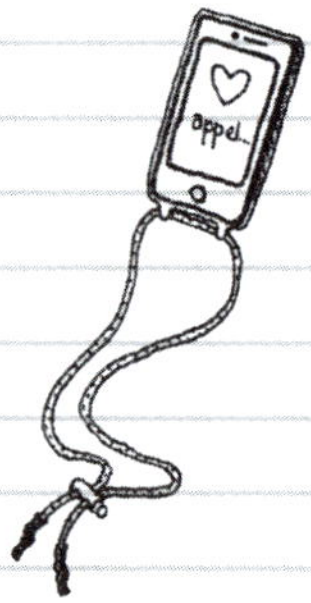


## 27 MARDI

**Un peu de paperasse te fera du bien**

Une facilité se dessine pour les tâches administratives et les envois de dossiers. Tu peux préparer la rentrée !

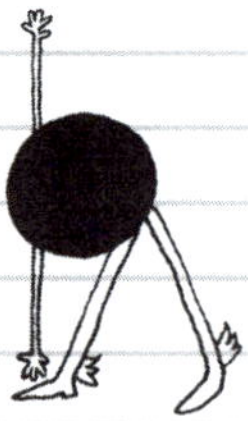

## 28 MERCREDI

**Tiens bon et sois patient !**

Même s'il y a des délais, continue sur ta lancée.

Ne te décourage pas.

## 29 JEUDI

**Station de sortie**

**→ DANS LE CIEL**
La rétrogradation est terminée. Mercure va dépasser son ombre. Tu es plus équilibré·e.

**→ LEÇONS APPRISES**

- Tu es réaligné·e
- Tu es purifié·e
- Tu es remotivé·e

## 30 VENDREDI

# POST-SHADOW

**DU 30 AOÛT AU 11 SEPTEMBRE 2024**

Même si nous sommes prêt·e·s à équilibrer nos routines, les appareils électroniques ne suivent pas.

Imprimantes cassées et e-mails égarés : triple check.

Il va falloir faire beaucoup de sauvegarde...

**Cette rétrogradation est terminée, bravo, tu l'as fait !**

**→ TA PIERRE POUR RETROUVER TON CALME**
Prends une jade néphrite si tu te sens agacé·e ou hors de contrôle pour soulager le plexus solaire.

## 31 SAMEDI

NCHE

# AOÛT 2024 — QUARTIER LIBRE !

**26** LUNDI

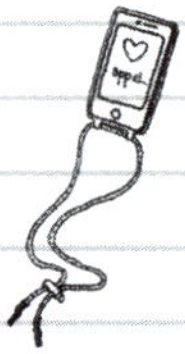

**27** MARDI

**28** MERCREDI

# → À toi de jouer, d'écrire, de ressentir Mercure...

## 29 JEUDI

## 30 VENDREDI

## 31 SAMEDI

SEPTEMBRE

## 1er DIMANCHE

EN
TERRE
INCONNUE

GUIDE DE SURVIE

# EN TERRE INCONNUE

**Viser la Lune, ça n'me fait pas peur.**

*Ma philosophie* – Amel Bent

PRÉ-SHADOW, L'OMBRE D'AVANT

**7/11/24 au 25/11/24 → en Sagittaire**

**Mercure rétrograde**

# en Sagittaire

26 NOVEMBRE 2024 → 15 DÉCEMBRE 2024

POST-SHADOW, L'OMBRE D'APRÈS

**16/12/24 au 4/01/25 → en Sagittaire**

# COACH ZAZA

La *der des der* de l'année se déroule en Sagittaire. Le Sagittaire en nous tous·tes qui normalement sait où il va, qui vise le nord, l'horizon, la direction.
Qui avance tout droit, qui file, qui court. Mi-homme, mi-cheval, centaure avec la tête dans les étoiles et le corps bien sur Terre. Avec style, en réunion permanente entre les mondes subtils et physiques.
Énergie de feu et d'action qui là, perd toute sa raison. Non pas d'être, mais de devenir.
Mercure qui rétrograde en hiver viendra te perdre en terres inconnues afin de mieux te trouver, à l'orée de ce bilan de l'année. Avant les fêtes et la grande 2025.
Quel passage !

À nouveau perdu·e, à nouveau déboussolé·e, ne sachant pas quelle direction emprunter.
Ou plutôt, ne le réalisant pas.
Alors, la difficulté à se décider sera le fil rouge de cette rétrogradation. Celle de poser des actions, de pouvoir suivre de nouveaux chemins.
Cela pour accorder ce qu'il se passe en haut, dans ton esprit connecté et en bas, dans tes jambes bien ancrées. Dans ton instinct et tes désirs matériels, en contradiction réelle avec tes aspirations plus spirituelles. Pour l'avenir. Pour l'après.
Questionnement logique de fin d'année, tu me diras, mais Mercure de cette oreille ne l'entend pas !

Il va falloir faire des choix, de nouveaux choix. Et là, c'est la panique à bord ! C'est la zone de confort et tout ce qu'on connaît déjà qui nous retient un peu en arrière, couplé à une bonne dose de mauvaise foi.
L'énergie du Sagittaire est mutable, donc flexible dans le meilleur des cas, comme une transition entre deux saisons, entre deux états, entre deux années, encore une fois.

Et pendant cette période, elle t'agace.
Perdu·e non plus dans l'espace comme au début de l'année, mais dans le nouveau monde qui s'offre à toi, encore si peu connu, si peu éclairé, si peu compris.
Il est à noter que la planète du Sagittaire, et au passage, de tes grandes expansions, chances et évolutions, Jupiter, sera aussi en reculade, ce qui renforcera la sensation territoriale du bug dans tes pensées. Devenant non plus un *qui suis-je où vais-je*, mais un *dans quel état j'erre ?*

Alors, comme l'énergie de feu est plutôt costaude pour l'ego, c'est le plus souvent par la colère que tu risques d'exprimer cette désorientation.
Sans aucun tact, en criant fort ou plus fort que l'autre, ce que tu auras à dire et en t'attirant les problèmes de retours de bâton logiques à toute conversation où l'on hausse le ton.
Comme tu le sais à présent, cher·ère survivant·e, Mercure cache toujours une leçon derrière ses énervements, et c'est notre liberté qui en est la clé.

## LIBERTÉ

Le Sagittaire est l'énergie de la liberté. Libre d'avancer, vite et où bon lui semble. Libre de prier. Libre de penser. Et cette rétrogradation t'éloigne de tes libertés. Individuelles et peut-être même collectives. Relationnelles.
Tu ne te sentiras pas ou plus libre de tes faits et gestes, de tes mouvements, de tes croyances, de ta foi et de ta morale.

D'ailleurs, si un amour passé, ou un chapardeur de beignets fuit, tu auras toutes les chances de le rattraper !
La période ne laissera personne s'échapper, mais c'est surtout face à toi-même que tu devras aussi te garder de fuir la réalité.

L'optimisme te sera d'une grande aide. Le cultiver, le forcer même ! Car tu seras un peu démoralisé·e.
Ce nouveau monde qui s'annonce ayant le don, à ce moment précis, de te déprimer. Avec l'impression fausse, car Mercure aime bien embrouiller les idées, que tu n'y seras pas libre d'être qui on est.
C'est évidemment un autre jeu mental de nos têtes un peu inquiètes de l'avenir, et tu devras te méfier comme de l'eau qui dort de tes pensées négatives et autres émotions fatalistes.
Non, rien ne sera pire. Tout sera nouveau, c'est tout.

Encore une fois la peur de l'avenir, en tant que territoire inconnu, résonne, comme si tu n'étais pas autorisé·e à le choisir.
Avec un petit entêtement à ne pas faire confiance au destin, au chemin, à toi-même qui suis pourtant la bonne route. La route juste.
Comme tu ressentiras cette immobilisation, l'exercice et le mouvement te feront le plus grand bien, en décembre.
La Sagittaire court, alors cours. Sport, footing, pour relâcher le stress, et surtout remonter le taux d'endorphines. Les hormones du bonheur, après l'effort, le réconfort !
Courir vite pour avancer, mais aussi pour ne pas se faire attraper. Que fuis-tu ?
Courir sans savoir où l'on va, que suis-tu ?
Mercure t'implore de trouver une guidance, et c'est à l'intérieur que cela se passe.

## BOUSSOLE INTÉRIEURE

Se rapprocher de tes amis, de tes proches et de ta cellule familiale de cœur, de sang ou d'âme, pourrait t'aider à trouver un soulagement à la pression de l'instant. Alors, en te calmant dans leurs bras, tu pourras écouter ce qui se raconte dedans. Au creux du ventre, dans l'instinct qui dit : *Prends à gauche, à droite je ne le sens pas.*
Déboussolé·e. Mais pourtant guidé·e.

Tes difficultés à affronter les plannings et agendas à leur maximum, et les mêmes pour t'inscrire à des cursus ou études, pour renouveler ton passeport, pour anticiper l'avenir. Mercure souhaite justement te montrer que, quoi qu'il en soit, l'avenir, on ne le prévoit pas, on le vit. Le lendemain, on n'en sait rien, on le rejoint.
Que pour te rassurer, il suffit de t'écouter dans le présent, dans l'ici et maintenant.
Et d'y croire.

## FOI

Tes croyances en ligne de mire mercurienne comme guides, mais aussi comme tyrans. Attention à cette énergie qui pense avoir tout vu, qui pense tout savoir et avoir tout vécu.

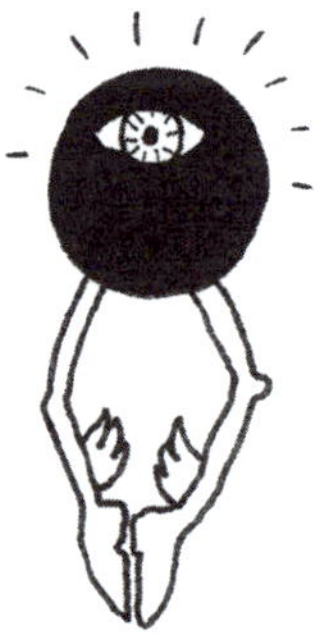

Des croyances limitantes et des certitudes culturelles, morales, personnelles ou collectives qui pourraient révéler des chocs. En famille, en couple ou dans tes réseaux sociaux et médias. En rejetant les cultures et langages différents des tiens.
Évidemment ici, un impact collectif et sociétal est latent, avec peut-être une difficulté passagère pour les minorités et un grand questionnement sur l'acceptation des différences.

La spiritualité peut aussi être grandement concernée et autocentrée, avec des *moi je sais et toi non. Moi je crois, et toi non.*
Je te conseille d'essayer de bien garder ta mesure, même dans ta foi, et de respecter toujours la liberté d'autrui tant qu'elle ne nuit pas.
Laïcité, fraternité ou sororité, liberté et inclusivité sont de belles notions à vibrer pour cette rétrogradation !

Nous sommes encouragé·e·s à ne plus rien savoir, à ne plus rien connaître et à nous laisser devenir des aventurier·ère·s. À (nous) désapprendre.
Tout désapprendre pour redevenir des explorateur·trice·s, des humain·e·s en terres inconnues mais fécondes.

Avec une grande part de responsabilités.
Celle de l'espoir et d'avancer vers l'avant, quoi qu'il se passe dans ton esprit contrarié par Mercure et dans tes discussions un peu fermées, un peu repliées.
Des aventuriers responsables de leur ouverture à l'étranger et à l'altérité. À l'autre, à demain, à une nouvelle année.

Car Mercure essaie de te raconter cette histoire : Comment veux-tu attirer de la nouveauté et des bienfaits si tu as peur d'avancer ? Vas-y et tu verras bien !
Calmement, courageusement, et dans un total respect des mouvements physiques ou psychiques de l'autre.
Et même si tu es comme cet enfant qui a trop tourné sur lui-même en jouant à Colin-maillard les yeux bandés depuis quelques années, et même si ta tête tourne, tu te dois d'avancer.
Après tout c'est à toi de la viser, la Lune[1].

---

1 Tu veux tout savoir sur les cycles lunaires ? Va voir mon journal de bord *24 lunes pour s'incarner*, Le Courrier du livre, 2021.

*Bye bye,* 2024.
Tu étais une sacrée lumière au bout d'un tunnel que nous venons juste de traverser. Derrière, tu n'as aucune idée de ce que tu vas découvrir et ton anxiété d'anticipation est déjouée par cette rétrogradation qui te souhaite tout le bonheur du monde, de l'autre côté !
Avec instinct et confiance, un nouveau cycle va s'activer. De nouveaux territoires et de nouveaux projets. Ne fuis pas vers l'arrière, mais avance gaiement avec l'esprit ouvert.
Tout sera sûrement étrange, inconnu ou différent. C'est le principe même de l'évolution, la magie de cheminer, et Mercure d'acquiescer.

**À l'année prochaine, humain·e,** tu as survécu à une année aux côtés de Mercure rétrograde qui rend zinzin !
Leçons apprises, pensées revisitées, imprimantes réparées.
Quels progrès tu as faits !

**Et comme toute bonne rétrogradation pose des questions…**

## ALLÔ MERCURE, IL ME DIT QUOI MON PETIT CŒUR ?

***Quelles sont mes problématiques d'engagement ?***
***Et celles de mon autre ?***
***Pourquoi il·elle me ghost ?***
***Comment puis-je me rapprocher de ma famille ?***
***Quel cadre essaie-t-on de m'imposer dans cette relation ?***

## COACH YOYO

On commence début 2024 avec une rétro et on la clôture avec une autre. Peut-on dire que la boucle est bouclée ? Celle de la rétrogradation, oui ! Avant la prochaine étape, bien sûr, compte sur les astres pour toujours te donner des astuces évolutives.
On aurait pu se dire que terminer l'année avec une rétro de Mercure en Sagittaire, c'est chouette, mais là, patatras, c'est la roulade avant foirée, le saut en hauteur raté, le sprint en marche du crabe.
On se sent tout·e paumé·e devant un territoire à découvrir, comme si cet élan qui d'habitude te donne des frissons venait tout à coup te dire à l'oreille que ça pourrait mal se passer… mais pourquoi ?

### La clé de cette rétrogradation > écouter ses chakras

C'est ton chakra du 3e œil, ce centre énergétique situé entre les yeux, qui en prend un coup. Il régit la pensée et l'intuition. Ici, ce sont tes pensées qui sont toutes emmêlées et tu ne comprends pas pourquoi tu radotes autant alors que c'est bientôt les vacances et les fêtes de fin d'année. Donc, si tu es en train de chercher une bûche de Noël au rayon des pneus, c'est que tes pensées ont pris le dessus sur le reste, comme un pilote automatique.
Les doutes peuvent aussi t'assaillir par moments lors de cette reculade en fanfare, car avec le Sagittaire les cotillons ne sont jamais bien loin ! Pas de panique, je t'explique juste après les pierres que tu pourras utiliser.

J'irai même plus loin en disant que notre chakra coronal est tout fané, comme s'il retombait sur ta tête alors qu'il s'agit d'une colonne d'énergie au sommet du crâne. D'où les crises de sens, de questionnements, de « Je ne sais plus quelle voie emprunter », de connexion wifi avec le grand tout perdu·e·s, d'identités personnelle et spirituelle qui se cherchent. À nouveau, les pierres sont là pour t'aider, et toi aussi, je te rappelle que tu es toujours là au centre de toi, ce qui m'amène à te parler de ta boussole intérieure.

Une boussole a besoin d'un point fixe et centré pour que l'aiguille puisse tourner correctement. Bon, tu as compris où je voulais en venir. Retrouve ton centre sans imposer quoi que ce soit aux autres, redirige ton attention, tes pensées, tes actions vers ton centre de gravité pour que tes directions soient justes. Zaza te l'a dit juste avant, va faire du sport pour que le mouvement engendre le mouvement, pour que le centre se rééquilibre de lui-même.

Aussi et surtout, lâche prise sur le lâcher-prise. Ne cherche surtout pas à contrôler car cela accentuerait encore plus le stress. Reste tranquillement là où tu es et observe ce qu'il se passe sans chercher à changer. « Oui, mais »... NON ! Trouver des solutions ça sera pour plus tard, maintenant contente-toi d'observer quand tout est chamboulé et quand le plancher se dérobe sous tes pieds, l'équilibre va revenir.

## Ta pierre > La piétersite

La **piétersite** est une pierre aussi fabuleuse que majestueuse. Mélange naturel d'œil de tigre, faucon et taureau. C'est un agrégat fibreux à empilement désordonné sous l'effet de la chaleur et de la pression. Cette pierre permet de rester debout en toute occasion. Elle est ici parfaite pour cette rétro où tu peux te sentir chahuté·e de tous les côtés. La piétersite est gage de stabilité, de paix intérieure et de cheminement confiant dans le chaos. Elle te recentre (chakra du plexus) et t'ouvre les yeux (chakra du 3e œil).
Elle fait de toi un·e aventurier·ère responsable (cette formule vient de notre très chère Regina Martino, lithothérapeute que l'on adore) qui garde son esprit novateur dans une juste posture énergétique.

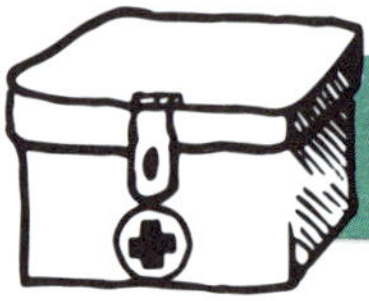

# TON KIT DE SURVIE

## Mercuroscope

*Les signes solaires, ascendants et lunaires les plus affectés seront les Sagittaires, les Balances et les Verseaux. Avec encore plus de crainte d'avancer pour les Scorpions et les Poissons.*

**La rétro du Bélier :** Tu n'en feras qu'à ta tête et cette rétro t'y autorise largement ! Ne demande pas l'avis des autres pour faire de tes rêves et buts des réalités. Attention cependant à ne pas recevoir trop de conseils non sollicités qui embrumeront ton esprit et créeront, *in fine*, plus d'obstacles que de chemins.

RÉAFFIRME

**La rétro du Taureau :** Il vaudra mieux attendre la fin de la rétro et l'année prochaine pour te lancer dans une nouvelle relation affective. Et si tu es déjà engagé·e, Mercure t'invite à aménager du temps pour toi. Tu auras besoin d'espace ! Il sera peut-être émotionnellement pesant de gérer une relation pendant la période, donc évade-toi !

RELÂCHE

**La rétro des Gémeaux :** La rétro de Mercure pourra dérouler un certain nombre de problèmes relationnels et un·e ex qui refait surface comme cadeau de Noël. Attention, car ce retour pourrait causer des troubles sur ta relation en cours. Garde tout ton calme et ta patience, car une réaction épidermique ne ferait que causer plus de dégâts.

**RESPIRE**

**La rétro du Cancer :** Cette rétrogradation présente un grand potentiel pour tes perspectives de carrière. Pourtant, il te sera déconseillé de signer un contrat ou de te lancer dans un nouvel emploi avant la fin de la période. Pareil pour un changement de direction professionnelle ou entrepreneuriale, qui ne te sera pas favorable si tu décides trop tôt. Prévois, et agis après !

**REPOTENTIALISE**

**La rétro du Lion :** Tu as travaillé très dur pour obtenir ce job, cette augmentation ou cette situation royale, et ça porte enfin ses fruits pendant cette rétrogradation ! Si tu cherches une opportunité ou un bon poste, il deviendra dès lors totalement disponible ! Mercure t'invite à te lancer, car tous les feux sont au vert !

**RECONVERTIS**

**La rétro de la Vierge :** Tu seras sûrement susceptible de rater tous tes trains, de manquer tous tes avions, qui seront en avance ou en retard et aucun de tes déplacements ne sera fluide. Prends ton mal en patience pendant cette rétro, ces voyages pourront être reprogrammés et ces délais te serviront à reculer pour mieux sauter !

**RECULE**

**La rétro de la Balance :** Mercure qui rétrograde est cette fois dans ton camp, car elle te donne un bonus de charme, de fluidité et même de cohérence ! Tout ira bien dans ta vie personnelle et professionnelle, alors il sera temps d'en profiter sans complexes ni craintes. Enfin !

RÉUNIS

**La rétro du Scorpion :** Cette rétro te plonge dans une phase d'introspection avec beaucoup de changements d'humeur. Sûrement car tu seras invité·e à te questionner sur ton identité. Ne sachant plus vraiment qui tu es ni où tu vas, tu t'interrogeras en miroir sur les autres, avec les mêmes préoccupations à leur égard. Tu pourrais regretter ces envies de tout redéfinir ! Calme-toi.

RECENTRE

**La rétro du Sagittaire :** Cette rétrogradation de Mercure te touche de plein fouet et ton image sociale aussi. Tu pourrais être en proie aux ragots et aux commérages, alors il t'est conseillé de t'éloigner des drames. Garde bien ta langue dans ta poche et tes récits pour tes ami·e·s de confiance, sinon tu pourrais le regretter plus tard. Sois bien conscient·e de te mettre en sécurité et de te poser des limites pendant la période.

RENFERME

**La rétro du Capricorne :** Mercure qui rétrograde va exiger tout ton temps et tu pourrais ne plus en avoir pour tes proches et relations. Vous pourriez alors vous éloigner, et cela sèmera des doutes et de la confusion. Tu es invité·e assez fermement par la période à privilégier ta vie personnelle et non plus ta vie professionnelle. Passe plus de temps avec tes proches !

RÉÉQUILIBRE

**La rétro du Verseau :** Une rétrogradation vécue à la cool, où rien ne te repoussera et où tu ne repousseras rien. Ni projet, ni amour forcé. Au lieu de cela, tu seras convié·e à faire du Netflix and chill ou du réseau social avec de nouveaux potes. N'hésite pas à élargir ton cercle social !

RÉSEAUTE

**La rétro des Poissons :** Un certain chaos pourrait découler de cette rétrogradation, qui pourrait te plonger dans de profonds doutes et questionnements. Ta solution pour y faire face : te mettre encore plus de pression ! Écoute Mercure et lâche-toi la grappe, ça passera !

RELÂCHE

## 3 aides x 3 pierres

### GUIDANCE INTÉRIEURE

Si on te rabâche les oreilles avec la fameuse phrase « Tout est en toi », c'est peut-être parce que c'est vrai ! Trouve en toi les ressources et la force pour être ton propre guide, pour ramener la lumière au centre et éclairer tes zones d'ombre. Fais de la place à ces petites voix que tu rejettes souvent et laisse-les te conseiller, pour une fois, s'il te plaît !
La **labradorite** est tout indiquée pour cela. On en parle quasi exclusivement pour la protection alors qu'elle fait tellement plus que cela. C'est une merveille de la terre pour rester les pieds au sol, le cœur dans les valeurs et la tête dans les idées novatrices. Ses reflets lumineux t'indiquent des chemins possibles sans jamais rien imposer et en respectant ton rythme naturel. Elle stabilise ta boussole pour te donner le nord, elle favorise l'élimination des énergies usées pour sans cesse te renouveler et t'accompagne dans tes besoins de sécurité profonds.

### ESPOIR ET OPTIMISME

Connais-tu le **quartz rutile** ? C'est un cristal de roche avec des inclusions de rutile, un dioxyde de titane qui ne fait pas les choses à moitié. Associée au plexus solaire, c'est une pierre dynamique pour retrouver la confiance, l'autonomie et le pouvoir dans tes actions. Son énergie condensée va te permettre de te dégager de situations ou relations néfastes, surtout ici où tu auras besoin de ton cercle proche pour te rassurer en cette fin d'année.

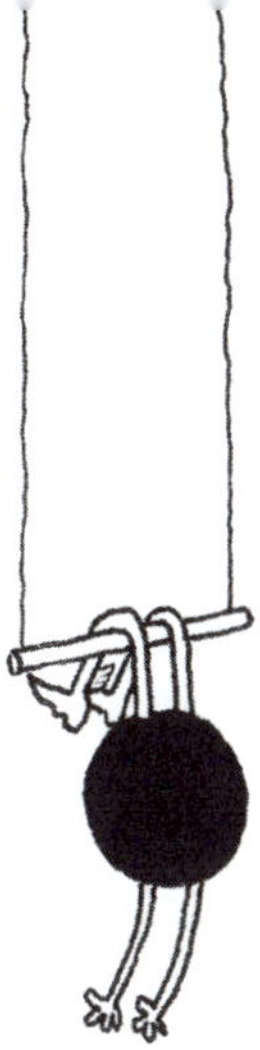

On l'appelle « cheveux de Vénus ». Pour une pierre qui met à jour nos valeurs et nous pousse à plus de liens solides, comme la planète elle-même, je trouve ça merveilleux. Alors fais comme Vénus, secoue symboliquement ta belle crinière lumineuse et assume d'être cette personne unique et fière qui inspire les autres et qui ose rayonner !

## L'ÉLAN INSPIRÉ

Pour compléter cette inspiration de fin d'année et ne pas céder à la morosité ambiante, tu peux aussi compter sur le **rubis**. Un rubis brut fait très bien l'affaire, même s'il est clair qu'une pierre gemme sera toujours plus percutante en termes de ressentis. C'est une pierre particulière qui dynamise (chakra racine) et qui pousse la passion très haut dans le chakra du cœur. Tu peux alors mettre en action tes inspirations et aimer avec un cœur grand ouvert sur l'aventure ! Le rubis aide à dire oui en toute occasion, à cueillir les occasions de grandir et d'évoluer. Alors saisis les opportunités qui se présentent pour continuer à aller de l'avant et à t'extasier de tout ce qui donne de la joie et des frissons.

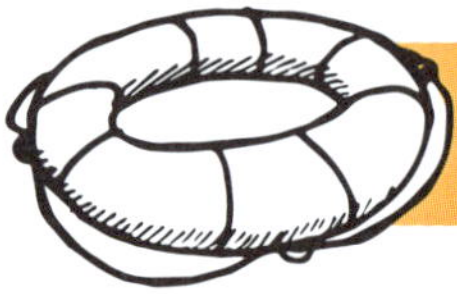

# TA BOUÉE DE SAUVETAGE

EXERCICE

## Se perdre pour mieux se retrouver

On t'invite à faire différemment pour cette dernière rétro de l'année. Une occasion de profiter de la *vibe* ambiante et d'y aller à fond, quitte à être vraiment perdu·e.
Essaie tout simplement de ne pas utiliser de GPS pendant quelque temps, débrouille-toi et fie-toi à tes sens. Quand tu rentres du travail, prends un autre bus, un autre métro, un autre chemin, essaie et vois où cela te mène. Ne prévois pas, mais improvise pour retrouver ton chemin. Descends trois arrêts avant ton arrêt habituel et explore, regarde, observe. Ne demande pas ton chemin, mais débrouille-toi. Bien sûr, si tu es vraiment perdu·e, demande de l'aide autour de toi ou par téléphone, mais essaie de ressentir cette confiance dans le fait d'être paumé·e, mais de continuer à avancer. Qu'est-ce que cela te fait ressentir ? Ressens-tu des énergies qui se contractent en toi ou au contraire qui s'apaisent ? Qu'est-ce que cela peut traduire ? Écoute ton GPS intérieur et trouve des pistes de réponse que toi seul·e possèdes. *You can do it !*

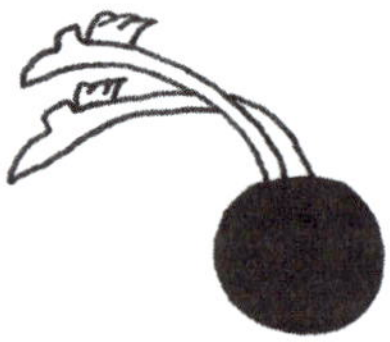

DU 26 NOVEMBRE AU 15 DÉCEMBRE 2024

## Les DO et DON'T

### DO

*Pratique la confiance en l'avenir.*

*Prends 15 minutes d'avance pour tous tes déplacements (avion, train, voiture).*

*Questionne ta pratique spirituelle.*

*Sors de ta zone de confort.*

### DON'T

*Attention à la crise identitaire.*

*N'impose pas tes idées par la force.*

*Ne fuis pas.*

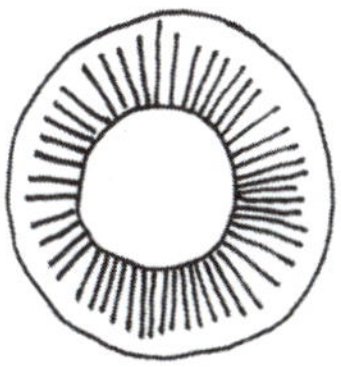

GUIDE DE SURVIE

# TA RÉTRO JOUR PAR JOUR

## 25 LUNDI

### PRÉ-SHADOW

**DU 7 AU 25 NOVEMBRE 2024**

Cela fait quelques jours que nous sommes agité·e·s, déboussolé·e·s, en crise de foi.

Nos morales, nos certitudes, nos libertés, nos directions sont mises à mal.

**C'est comme si nous perdions toute orientation.**

## 26 MARDI

### Station d'entrée

Mercure s'arrête et déjà un grand besoin d'harmonie et de justice se fait sentir.

**→ DANS LE CIEL**

Vesta, la Lune et la Lune noire en Balance te demande de t'engager (avec quelqu'un, une situation, un contrat).

## 27 MERCREDI

### En pleine franchise

Tout le monde est susceptible de s'arranger avec la vérité. Reste honnête.

## 28 JEUDI

### Tu hésites…

➜ DANS LE CIEL
Jupiter brouille les pistes.

Quel chemin emprunter ?

Fais confiance à ta boussole intérieure.

## 29 VENDREDI

### Tiens bon !

Tu te sens toujours perdu·e quant à la direction à prendre…

➜ DANS LE CIEL
Tu trouves dans le ciel des appuis solides tels que Mars en Lion pour la détermination, Vénus en Capricorne pour l'endurance.

## 30 SAMEDI

### Arrêt minute

Le GPS est cassé, tu veux avancer, mais où ? Fais le plein et attends demain.

# DÉCEMBRE

## 1er DIMANCHE

### Nouvelle lune en Sagittaire

Peu importe la destination, ce qui compte, c'est le voyage.

➜ DANS LE CIEL
Un trigone de feu se dessine entre Mars en Lion et Mercure en Sagittaire, c'est le feu !

# NOVEMBRE 2024 QUARTIER LIBRE !

| 25 LUNDI | 26 MARDI | 27 MERCREDI |
| --- | --- | --- |
| | | |

# → À toi de jouer, d'écrire, de ressentir Mercure...

**28** JEUDI

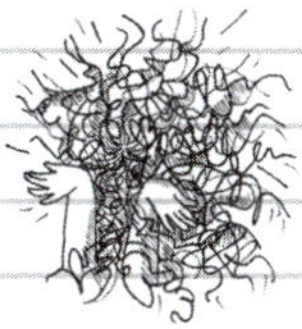

**29** VENDREDI

**30** SAMEDI

DÉCEMBRE

**1er** DIMANCHE

## 2 LUNDI

**Écoute ton cœur, il te guide**

## 3 MARDI

**Le secret de l'action, c'est de s'y mettre !**

Dialogue à couteaux tirés entre ta volonté et la crainte de sortir de la zone de confort.

Lance-toi, tu verras bien !

## 4 MERCREDI

**Ce qui me freine.**

→ **DANS LE CIEL**
L'alliance de Vénus, Pluton et la Lune en Capricorne révèle mes verrous émotionnels.

→ **PIERRE DE SECOURS**
Une opale verte t'aide à trouver les clés.

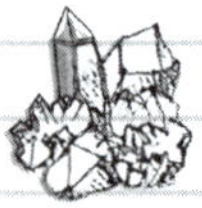

## 5 JEUDI

### Lâche prise !

Tu te sens pieds
et poings liés, ce n'est
que dans la tête.

→ **DANS LE CIEL**
La Lune en Verseau
te pousse à
t'émanciper.

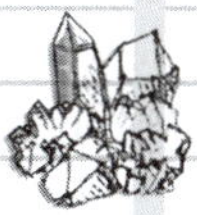

## 6 VENDREDI

### Cazimi

→ **DANS LE CIEL**
Mercure
se brûle au Soleil
en Sagittaire.

Meilleur jour de la rétro !
Prise de conscience,
clairvoyance,
clairaudience,
on comprend tout !

→ **PIERRE DE SECOURS**
Tu peux prendre
un cristal de roche
pour tout éclaircir.
Et surtout, kiffe cette
journée et sens-toi
libéré·e !

## 7 SAMEDI

### La nouvelle Ève*

## 8 DIMANCHE

### Dimanche Kaliméro

C'est vraiment trop
injuste. Et si tu sortais
du triangle bourreau
victime sauveur ?

→ **PIERRE DE SECOURS**
L'œil de faucon t'aide
à identifier ton rôle
dans cette mécanique.
Ça en vaut la peine !

*** La nouvelle Ève :** Mercure rétrograde aussi pour changer nos philosophies. C'est le cas aujourd'hui en ce qui concerne l'énergie féminine. L'IVG dans la constitution ? Égalité salariale ? La femme que tu es, enfin assumée ? Appelle des femmes autour de toi et dis-leur que tu les aimes.

# DÉCEMBRE 2024 QUARTIER LIBRE !

**2** LUNDI

**3** MARDI

**4** MERCREDI

# → À toi de jouer, d'écrire, de ressentir Mercure...

## 5 JEUDI

## 6 VENDREDI

## 7 SAMEDI

## 8 DIMANCHE

# DÉCEMBRE 2024

## 9 LUNDI

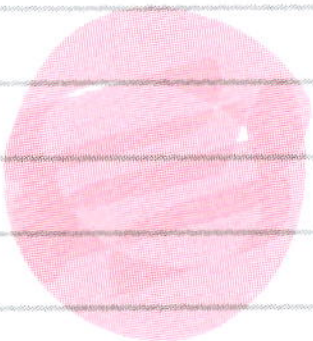

Tendresse

➔ **DANS LE CIEL**
La Lune
et Neptune
en Poissons
se demandent
pardon.

Compassion, douceur
envers toi-même
et les autres.
Lâche prise sur les
erreurs passées.

## 10 MARDI

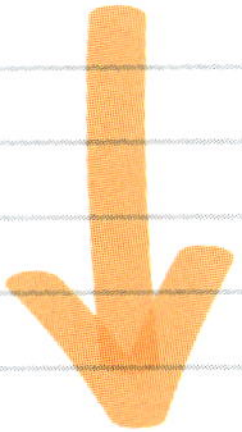

Et tout à coup,
tout va mieux !

L'énergie vitale est là :
tu as la gagne !

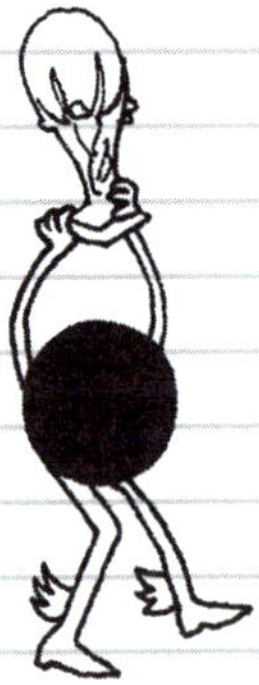

## 11 MERCREDI

Continue sur
cette belle lancée

## 12 JEUDI

### L'amour sans les codes

Tu es libre de vivre et d'aimer.

## 13 VENDREDI

### Cette date te porte chance en amour !

→ **DANS LE CIEL**
Mars d'un côté et Vénus de l'autre font la paix dans le mental Mercure.

Tes relations s'harmonisent.

## 14 SAMEDI

### Pourquoi ces doutes inutiles ?

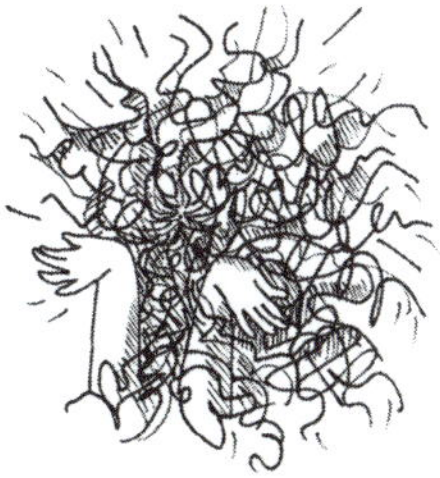

## 15 DIMANCHE

### Station de sortie

→ **DANS LE CIEL**
La rétrogradation est terminée. Mercure va dépasser son ombre. Tu as trouvé·e le chemin vers l'autre.

→ **LEÇONS APPRISES**

- ☑ • Tu es redirigé·e
- ☑ • Tu es libéré·e
- ☑ • Tu es apaisé·e

# QUARTIER LIBRE !

## 9 LUNDI

## 10 MARDI

## 11 MERCREDI

## → À toi de jouer, d'écrire, de ressentir Mercure...

**12** JEUDI

**13** VENDREDI

**14** SAMEDI

**15** DIMANCHE

# DÉCEMBRE 2024

**16** LUNDI

**17** MARDI

**18** MERCREDI

## POST-SHADOW

**DU 16 DÉCEMBRE 2024 AU 4 JANVIER 2025**

Nous sommes toujours un peu sauvages, résistons à l'envie de fuir. Essayons de communiquer avec tact et de nous persuader que la route est dégagée.

**Soyons optimistes. Cette rétrogradation est terminée, bravo, tu l'as fait !**

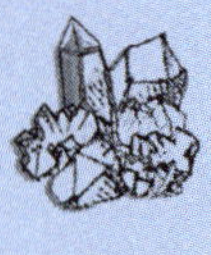

**➔ TON DOUDOU "THINK POSITIVE"**

La cyanite pour éclairer ta pensée et ta parole.

19 JEUDI

20 VENDREDI

21 SAMEDI

22 DIMANCHE

# DÉCEMBRE 2024 QUARTIER LIBRE !

**16** LUNDI

**17** MARDI

**18** MERCREDI

## ➜ À toi de jouer, d'écrire, de ressentir Mercure...

**19** JEUDI

**20** VENDREDI

**21** SAMEDI

**22** DIMANCHE

# CONCLUSION

Voilà ! Tu l'as fait !
On l'a fait. On a passé ensemble cette année 2024, avec et sans Mercure et ses rétros !
Finalement, ce n'était pas si terrible ! On a tous·tes connu bien pire qu'une rétrogradation. Et avec ce guide, tu as pu te rendre compte que Mercure rétrograde, c'est vraiment une occasion en or pour ***R***evoir ses schémas de pensée, pour ***R***efaire différemment, pour ***R***appeler ses amis et les gens qui comptent pour soi. Mais surtout, se ***R***ecentrer et ***R***éecouter sa petite voix, celle que Mercure pousse à toujours écouter un peu plus. Mercure, Hermés, Thot se vivent toujours à l'intérieur de soi.
Alors oui, il y a eu des pleurs et des moments pas fous sous ton plaid, et des journées noires, mais il y a eu surtout des moments où on te montre un chemin, où Mercure te prend par la main pour te ***R***emettre sur la bonne voie.
Que retiens-tu de ces instants avec Mercure ?
Quelles ont été les leçons d'expérience que tu as pu expérimenter avec Mercure cette année ?

**2024 a été une grande année de transition,** entre l'ancien monde sclérosé et le nouveau monde à créer. Faire, penser, imaginer, évoluer ensemble, où chacun contribue comme il le peut, comme il pense. Un avenir meilleur. Tout le monde peut mettre sa pierre à l'édifice.
D'ailleurs, prends quelques instants pour Revoir, une dernière fois, ce que tu as ***R***essenti avec tes pierres.
Quels ont été leurs messages ?

Rappelle-toi qu'une rétro est là pour t'aider à définir de nouvelles philosophies et pour harmoniser ton mental avec ton cœur, mais aussi et surtout avec ton corps. Ton corps, qui est ton véhicule sur cette Terre. Prends-en soin et chéris-le, Mercure te l'a aussi rappelé cette année et te fera d'autres propositions dans les années à venir.
Mercure, l'enfant. Mercure, planète des Gémeaux et de la Vierge, fait le lien. Entre tes émotions et ta façon de les exprimer. T'aide à dire les mots d'amour, les mots qui font du bien, ceux qui réchauffent, ceux qui font battre le cœur et soulever des montagnes.
En te délivrant ses leçons, mais aussi en portant tes affections, Mercure, la petite messagère du Soleil, éveille ta conscience, change ton état d'esprit et modernise ta façon de t'aimer, de te déplacer. De te rejoindre.
Plus flexible, plus mobile, mais aussi plus concentré·e sur tes échanges et ta communication, tu verras que l'année 2025 continuera de te porter, graduellement, vers la grande transition de 2026.

La connaissance et le savoir, vibrations les plus élevées de Mercure, Hermès, Thot, deviennent de plus en plus à ta portée, grâce aux nouvelles technologies et à une transmission de l'information de plus en plus facilitée. Remercie Mercure pour ce grand progrès, tâche d'utiliser encore plus éthiquement et en conscience les réseaux sociaux, les médias, tes sources de sagesse et de lien, et accompagne ces rétrogradations comme des moyens, comme des cadeaux offerts par l'univers pour tisser une toile plus juste entre humain·e·s responsables et concerné·e·s.

L'ère du Verseau qui s'annonce déjà te voudra peut-être plus individualiste, mais moins nombriliste. Comme un être autonome, libre et responsable, débarrassé des peurs paniques et des effets de masse. Pense au collectif, pense au lien, pense à l'autre.
Car après tout, c'est ce à quoi Mercure t'aide le mieux, penser.
C'est en faisant évoluer les modes de pensée que le monde évoluera, c'est en faisant progresser les idées qu'il changera.

Alors n'aie pas peur des rétrograpations, cher·ère humain·e, elles ne sont que des reculades d'évolution, que des opportunités d'élévation.

Et si quelques ex continuent de revenir frapper à ta porte ou que cette imprimante ne veut décidément pas fonctionner, garde ta tête bien faite pour ne pas paniquer !

**À l'année prochaine, pour de nouvelles aventures avec Mercure.**

**LOVE**

Nous remercions chaleureusement nos ami·e·s, soutiens et communautés qui sont autant d'étoiles brillantes dans notre constellation.

**Nous sommes ce que nous pensons. Tout ce que nous sommes résulte de nos pensées. Avec nos pensées, nous bâtissons notre monde.**

Bouddha

# À PROPOS DES AUTEURS

## HOLISTIC ZAZA

Isabelle Elvira est Zaza, thérapeute, sinologue, homéopathe et astrologue. Femme, humaine, écrivaine et performeuse lunaire. Elle pratique et démocratise une astrologie vivante, humaniste et évolutive, accessible à tous. Comme un savoir universel, un dialogue avec les astres, quotidien et décomplexé. Zaza simplifie les étoiles, les ramène joyeusement dans nos routines, avec des clés pratiques pour cheminer sur nos routes, dans nos vies, qu'elles soient spirituelles, émotionnelles, affectives, professionnelles, artistiques ou familiales.
Avec son avatar cosmique **@Holisticzaza**, elle diffuse sur Instagram au jour le jour, lune après lune, des lives médias, initiations, dialogues et articles, où les astres et l'humain résonnent en synchronicité parfaite, essentielle, primordiale.
Zaza est également astrologue résidente sur **femmeactuelle.fr** pour les horoscopes quotidiens et mensuels.

**Site Internet : holisticzaza.com**

**@Isabelle Elvira**
***Thérapeute holistique astrologie et lunologie inclusives***

**@holisticzaza**

## JOHANN CHEVILLARD

Lithothérapeute depuis de nombreuses années, Johann aime transmettre sa connaissance des minéraux avec simplicité, sens pratique et humour.
Il anime des stages et conférences et propose des merveilles de la nature sur son site web, choisies avec soin et passion.
Auteur de plusieurs ouvrages, il œuvre pour une pratique saine et responsable de la lithothérapie.
Sur les réseaux sociaux, il aime partager infos, astuces et pratiques !

**Site Internet : heliodora.fr**

**@johann chevillard**
***Énergéticien magnétiseur***

**@johann_chevillard**

# À PROPOS DE L'ILLUSTRATRICE

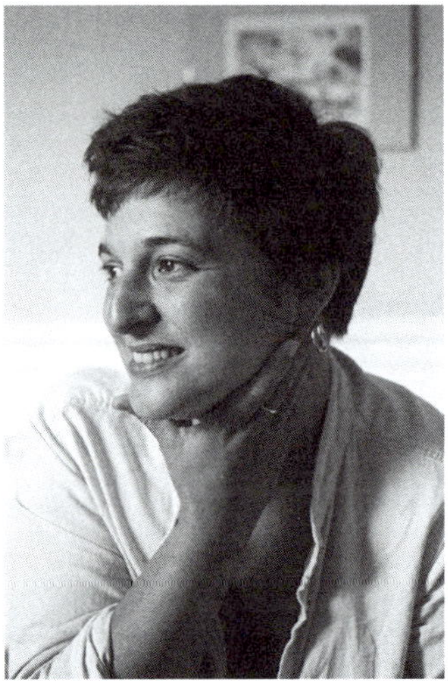

## LORETTE

Lorette dessine des personnages, nu·e·s ou habillé·e·s selon les contextes nécessaires, au gré des rencontres opportunes.

**@lorette__________**

# À PROPOS DE LA TYPOGRAPHE

## CLÉMENCE ROCHE

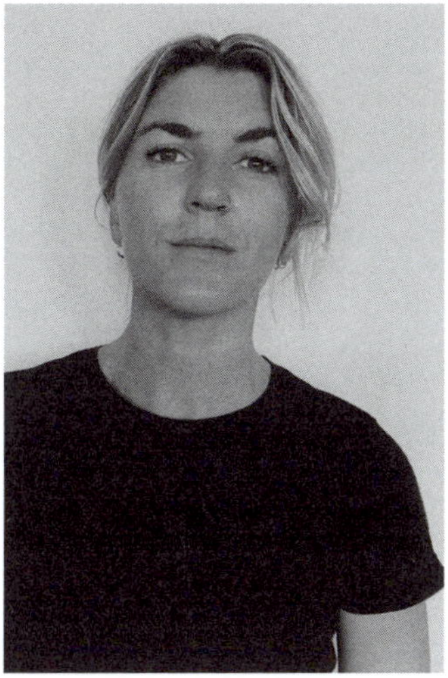

Poète, créatrice et illustratrice, Clémence ne manque pas de projets, personnels ou collaboratifs, où se côtoient son art et ses élucubrations intérieures.
Clémence a participé au projet de ce livre en mêlant son lettrage aux illustrations de Lorette, afin d'illustrer le travail des auteur·e·s.

**@atelierbeguin**

**@carnetdedoute**

**@beguin.art**

# NOTES PERSONNELLES

# NOTES PERSONNELLES

# NOTES PERSONNELLES

# NOTES PERSONNELLES